民法典
百姓生活案例图解——总则编

王 强 主编

北京师范大学出版集团
BEIJING NORMAL UNIVERSITY PUBLISHING GROUP
安徽大学出版社

图书在版编目(CIP)数据

民法典百姓生活案例图解. 总则编/王强主编. —合肥:安徽大学出版社,2023.1(2024.11重印)

ISBN 978-7-5664-2522-5

Ⅰ. ①民… Ⅱ. ①王… Ⅲ. ①民法－总则－案例－中国 Ⅳ. ①D923.05

中国版本图书馆 CIP 数据核字(2022)第 220072 号

民法典百姓生活案例图解
——总则编

王 强 主编

出版发行:	北京师范大学出版集团 安徽大学出版社 (安徽省合肥市肥西路3号 邮编230039) www.bnupg.com www.ahupress.com.cn
印　　刷:	廊坊市博林印务有限公司
经　　销:	全国新华书店
开　　本:	690 mm×960 mm　1/16
印　　张:	9
字　　数:	145 千字
版　　次:	2023 年 1 月第 1 版
印　　次:	2024 年 11 月第 2 次印刷
定　　价:	39.80 元

ISBN 978-7-5664-2522-5

策划编辑:马晓波　蒋　松		装帧设计:徐荣强	
责任编辑:马晓波		美术编辑:李　军	
责任校对:刘婷婷		责任印制:陈　如　孟献辉	

版权所有　侵权必究

反盗版、侵权举报电话:0551—65106311
外埠邮购电话:0551—65107716
本书如有印装质量问题,请与印制管理部联系调换。
印制管理部电话:0551—65106311

前　言

《中华人民共和国民法典》（以下简称《民法典》）是一部真正意义上的"社会生活的百科全书"，是中华人民共和国成立以来第一部以"法典"命名的法律，在法律体系中居于基础性地位，也是市场经济的基本法。

《民法典》的实施，是我国法制建设史上的一个里程碑，对于推进国家治理体系和治理能力的现代化，不断满足人民群众对美好生活的向往，将会产生重要的影响。

随着社会发展进程的不断推进，我们的法律也在不断地成熟和完善。"民有所呼，法有所应"，是《民法典》追求的最终目标。

根据党和政府的精神以及习近平总书记的指示，《民法典》的普法工作是"十四五"时期普法工作的重点。特别是要引导群众形成自觉守法的意识，养成遇事找法律的习惯，培养解决问题靠法律的意识和能力。更要把《民法典》纳入国民教育体系，加强对青少年的普法教育，弘扬社会主义核心价值观。

多年的普法实践证明，普法教育对于普及法律知识、提高公民法制观念、增强全社会依法办事意识具有十分重要的作用。特别是对老年人、未成年人、残疾人、农村居民等进行全面普法教育，是提高全民法律素质的需要。保护好广大人民群众的合法权益，是构建和谐社会、维护社会和经济秩序的基础。

为此，我们特别编撰了"民法典百姓生活案例图解"系列丛书。主要包括相关广大人民群众应知应懂、实际实用的民法条款，同时采用生动的案例来阐述相应条款的释义、具体实施等，每本书最后都附有《民法典》的相关条文。

本丛书根据内容配有精美的漫画插图，图文并茂，排版采用了大字号方便阅读。因此，本丛书具有很强的可读性和实用性，是广大人民群众学习民法的良师益友。

本丛书编写组

2022年10月10日

目 录

总则编：如何处理生活中的棘手问题

开发商以欺诈方式交房，未造成实际损失算违约吗？// 3
赠与情妇遗产的遗嘱有效吗？// 7
索要"青春损失费"合法吗？// 10
婚姻不成，彩礼能够要回来吗？// 13
胎儿可以继承遗产吗？// 17
未成年人打赏网络主播的巨款能讨回吗？// 20
监护人剥夺孩子的受教育权怎么办？// 24
未成年人没有监护人怎么办？// 27
"空巢老人"可以指定邻居为监护人吗？// 31
殴打孩子会被剥夺监护人资格吗？被剥夺后能恢复吗？// 34
个体工商户债务应该由谁偿还？// 38
医疗机构能将医疗卫生设施设定抵押吗？// 41
言语上的冒犯，形成性骚扰吗？// 44
"疫情大于一切"能够成为侵权的借口吗？// 48
已抵押的房屋被转让，转让的买卖合同是否有效？// 52
不当得利的返还情况有哪些？// 56
网络上转载他人文章，侵犯作者的知识产权吗？// 60
没有遗嘱，私生子有继承权吗？// 65

继承虚拟财产需要什么手续？// 69

买到"凶宅"能退房吗？// 72

这样的私了协议符合法律规定吗？// 75

想要撤销离职协议，行使撤销权的期限是多久呢？// 78

离职员工以公司的名义"杀熟"，签订的合同谁来履行？// 82

微信中"互骂"要承担哪些法律责任？// 87

见义勇为受重伤，应由谁"买单"？// 91

紧急救助病人时造成伤害，该不该承担赔偿责任？// 94

收回未办理过户登记的房子，要承担责任吗？// 97

未成年人遭受性侵害，成年后还能提起诉讼吗？// 101

超过还款期限三年的借款，借款人还需要偿还吗？// 105

附录：中华人民共和国民法典·总则编 // 109

总则编：
如何处理生活中的棘手问题

开发商以欺诈方式交房，未造成实际损失算违约吗？

生活小案例

2021年9月6日，张先生（乙方）与甲公司（甲方）签订《商品房买卖合同》，房屋成交价116万元。交房条件为：甲方应当在2021年12月10日前交付乙方使用。逾期交付超过60日后，自2021年12月11日起至实际交付之日止，甲方按日向乙方支付已付房价款的万分之三作为违约金，并于交房之日起30日内向乙方支付。

合同签订后，张先生支付了全部购房款。约定的收房日期将近，甲公司因一直未取得建设工程竣工验收备案登记，便将其他工程竣工验收备案证的复印件粘贴到质量保证书上，于2021年12月10日将房屋交付给张先生。

张先生所购房屋竣工验收备案登记日期为2022年

5月28日。张先生认为开发商采取欺骗手段交房违约，按照合同约定应赔偿违约金，遂起诉至法院。张先生的主张成立吗？

案例分析

本案的争议焦点是开发商甲公司以欺诈方式交房，但未造成购房者实际损失，是否应当承担违约责任？诚实守信是市场经济活动的一项基本原则。民事活动应当遵循自愿、公平、等价有偿、诚实信用的原则。

本案中，虽然涉案房屋通过了竣工验收，房屋质量合格，并且开发商甲公司迟延取得竣工验收备案登记证的情形并未实际影响购房人张先生对房屋的占有和使用，也就是说对于购房人来讲实际上并没有损失。但是，甲公司作为开发商，在延迟取得竣工验收备案登记证的情况下，为了不支付购房人违约金，采取欺诈的方式交付房屋，侵犯了购房人的知情权。所以，法院依法判决：甲公司承担逾期交房的违约责任。

关联法条

《中华人民共和国民法典》

第六条　民事主体从事民事活动，应当遵循公平原则，合理确定各方的权利和义务。

第七条　民事主体从事民事活动，应当遵循诚信原则，秉持诚实，恪守承诺。

第五百七十七条　当事人一方不履行合同义务或者履行合同义务不符合约定的，应当承担继续履行、采取补救措施或者赔偿损失等违约责任。

第五百八十五条　当事人可以约定一方违约时应当根据违约情况向对方支付一定数额的违约金，也可以约定因违约产生的损失赔偿额的计算方法。

约定的违约金低于造成的损失的，人民法院或者仲裁机构可以根据当事人的请求予以增加；约定的违约金过分高于造成的损失的，人民法院或者仲裁机构可以根据当事人的请求予以适当减少。

当事人就迟延履行约定违约金的，违约方支付违约金后，还应当履行债务。

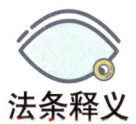
法条释义

以上条文是《民法典》关于民事活动应当遵守的原则规定。

民事活动中的公平原则要求当事人在民事活动中应以社会正义、公平的观念指导自己的行为，处理纠纷。公平原则是市场交易规则中的基本原则，也是对民事司法活动的基本要求。当事人双方享有公平合理的对待，没有任何特权，也不履行任何不公平义务，也就是维持当事人双方的权利与义务相一致。

诚信原则是市场经济活动中的道德准则，又是法律原则，要求一切市场参加者在不损害他人利益和社会公益的前提下，追求自己的利益。在市场经济条件下，每一个有劳动能力的人，都应当通过市场交换获取利益和生活资料，民事主体应当诚实不欺，讲究信用，以善意的方式行使权利。诚信原则的内涵和外延具有不确定性，它所涵盖的范围非常大，远远超过其他条款。

民事主体从事民事活动时，除了公平原则和诚信原则，还要遵守平等原则、自愿原则、绿色原则和公序良俗原则。其中，绿色原则是《民法典》中新确定的一项法律原则，规定民事主体在从事民事活动的时候，应当有利于节约资源，保护生态环境，注重人与自然和谐发展。绿色原则有利于缓解我国不断增长的人口数量与资源生态之间的矛盾问题。

违约责任，即违反合同的民事责任，也就是合同当事人因违反合同义务所承担的责任。构成违约责任需要满足以下条件：

（1）合同义务有效存在。这点使得违约责任与侵权责任区分开，因为侵权责任都不以合同义务的存在为前提。

（2）债务人不履行合同义务或者履行合同义务不符合约定。包括履行不能、履行迟延和不完全履行等情形，还包括瑕疵担保、违反附随义务和债权人受领迟延等可能与合同不履行发生关联的制度。

（3）不存在法定或者约定的免责事由。尽管《民法典》在违约责任的归属上采取了无过错责任原则，但是为了避免违约方绝对承担违约责任所导致的风险不合理分配，《民法典》依然规定了一些免责事由，比如"不可抗力免责"条款。另外，合同当事人可就免责事由进行约定，当约定的免责事由发生时，当事人不承担违约责任。

赠与情妇遗产的遗嘱有效吗？

生活小案例

王某与妻子李某结婚十多年后，与张某公开同居，但一直未与李某离婚。

四年后王某身患癌症，张某一直照顾王某，王某深受感动。趁意识清醒，王某立下书面遗嘱："在我死后，我的房产、抚恤金、工资等私人财物赠与好友张某。"

王某去世后，张某拿着王某的遗嘱向李某索要遗产被拒，遂诉至法院，请求李某按照遗嘱履行。张某的请求能得到法院的支持吗？

案例分析

遗赠是自然人以遗嘱的方式，将个人合法财产的部分或全部赠与国家、集体或法定继承人以外的人，并于死后发生效力的民事法律行为。遗赠成立的前提是存在合法有效的遗嘱。

本案的关键点在于遗赠行为是否合法有效，遗赠人王某的遗嘱虽然是其真实意思的表示、形式上也合法，但是其内容存在违法之处：

首先，立遗嘱人订立遗嘱时只能处分其个人财产。王某死亡后的抚恤金是单位对死者亲属的抚慰，不属于个人财产，不得作为遗赠财产；王某的工资属于夫妻共同财产，其单独处分侵犯了李某的合法权益，其遗赠也是无效的。

其次，王某在婚姻关系存续期间与张某同居，违反了"禁止有配偶者与他人同居""夫妻应当互相忠实、互相尊重"等规定，是一种违法行为。基于这种违法行为而产生的遗赠，违反了公序良俗，损害了社会公德，属于无效的民事法律行为。因此，本案的遗嘱无效。

关联法条

《中华人民共和国民法典》

第八条 民事主体从事民事活动，不得违反法律，不得违背公序良俗。

第一百五十三条第二款 违背公序良俗的民事法律行为无效。

法条释义

以上条文是《民法典》关于公序良俗原则以及违反公序良俗的法律后果的规定。

公序良俗，是指一切民事活动应当遵守公共秩序与善良风俗。公共秩序主要包括社会公共秩序和生活秩序，体现了社会全体成员的共同利益。一般而言，违反法律禁止性规定的行为都违反了公共秩序，如买卖军火、走私毒品、制造假币等。善良风俗是社会所尊重的起码的伦理要求，如救死扶伤、见义勇为、禁止虐待家人、禁止有违伦理的行为等。

公序良俗原则是《民法典》规定的基本原则之一，任何违反公序良俗的行为都是无效的。在生活中，订立借腹生子协议、包养协议、以婚外同居为条件的赠与协议、委托杀人协议、赌博、"工伤概不负责"条款、约定断绝亲子关系的协议等，都属于违反公序良俗的行为，都是无效的。

索要"青春损失费"合法吗?

生活小案例

小豪和黎黎是一对同居情侣。在黎黎最脆弱敏感的时候,小豪工作却十分繁忙,对黎黎疏于照顾。黎黎经常在电话里、微信里对小豪哭闹不止,甚至威胁要自杀。在黎黎又一次提出分手时,小豪心力交瘁,表示同意。

此时,黎黎索要15万元"青春损失费",小豪也同意了。但是他没有那么多钱,在支付5万元给黎黎后写了一张欠条。没想到黎黎将他起诉至法院。

小豪拿着法院传票气愤不已,他认为:青春损失费本来就是不合法的,不仅自己不应该继续付钱,而且黎黎应该将已经收到的5万元还回来。那么,小豪的想法会得到法院的支持吗?

 **案例分析**

法院认为，这份欠条事实上是基于非法同居关系而产生的"分手费"，双方并不存在真实的借贷关系，而且当事人行为违背公序良俗，属于无效的民事法律行为。

况且，青春双方都有，双方都会受到损失，不是只有一方受损失。在司法实践中，即使一方提起诉讼，人民法院对其提出的赔偿请求，一般也不会予以支持。所以，黎黎所持欠条无效。

但是如果另一方自愿支付这笔费用，财产交付已经完成，也无权再提出撤销。在本案中，黎黎索要青春损失费的时候，小豪没有反对并支付了5万元。小豪已经支付的5万元属于财产赠与，返还要求不予支持。

 **关联法条**

《中华人民共和国民法典》

第八条　民事主体从事民事活动，不得违反法律，不得违背公序良俗。

第一百五十三条　违反法律、行政法规的强制性规定的民事法律行为无效。但是，该强制性规定不导致该民事法律行为无效的除外。

违背公序良俗的民事法律行为无效。

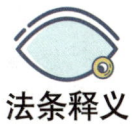 **法条释义**

以上条文是《民法典》中关于无效民事法律行为的规定。

民事主体从事民事活动，不得违反法律和公序良俗。这里所提到的"公序良俗"是指民事主体的行为应当遵守公共秩序，符合善良风俗，不得违反国家的公共秩序和社会的一般道德。

公序良俗原则具有极强的灵活性，当遇到有损国家利益、社会公益和社会道德秩序的行为，而又缺乏相应的禁止性法律规定时，法院可直接依据公序良俗原则认定该行为无效。

以上文案件为例，索要"青春损失费"是违反公序良俗的无效民事法律行为，因此小豪和黎黎依此而签订的欠条是无效的。

婚姻不成，彩礼能够要回来吗？

生活小案例

李某家境一般，通过相亲认识了女孩欣欣。在接触一段时间后，两人互有好感，双方便确立了婚约关系。按照当地习俗，李某一次性给付欣欣彩礼11.5万元并定下了婚期。但是，随着婚期的临近，欣欣却突然不愿意结婚了。对于欣欣的悔婚，虽然李某很无奈，但也只能分手。可是，两家人在协商退还礼金时，因为意见不一致而产生争执。双方调解无果，李某只好求助于法律。法院会怎样判决呢？

案例分析

本案的焦点在于彩礼是否需要归还。彩礼作为我国传统婚嫁习俗的一种，是谈婚论嫁时不可避免的话题。什么是彩礼？目前，我国法律对彩礼并没有明确定义。一般认为，彩礼是男方给女方的结婚订金、聘礼等，表达男方想娶女方的心意。从表面上看，彩礼是男方赠送给女方的，但又与一般的赠与行为不同，它实际上是以双方结婚作为附加条件的，而不是一种无偿的赠与。

对于彩礼能否返还，我国《民法典》未作规定。处理彩礼纠纷，依据的是《最高人民法院关于适用〈中华人民共和国民法典〉婚姻家庭编的解释（一）》第五条的规定。根据该条的规定，如果是双方未办理结婚登记手续的，或双方办理结婚登记手续但确未共同生活的，或婚前给付并导致给付人生活困难的，法院查明后可以判决退还全部或部分彩礼。本案中，李某虽然和欣欣确立了婚约关系但是并未依法办理结婚登记手续。所以，李某要回彩礼的请求应当得到法院的支持。

关联法条

《中华人民共和国民法典》

第十条　处理民事纠纷，应当依照法律；法律没有规定的，可以适用习惯，但是不得违背公序良俗。

第一千零四十二条第一款　禁止包办、买卖婚姻和其他干涉婚姻自由的行为。禁止借婚姻索取财物。

第一千零四十九条　要求结婚的男女双方应当亲自到婚姻登记机关申请结婚登记。符合本法规定的，予以登记，发给结婚证。完成结婚登记，即确立婚姻关系。未办理结婚登记的，应当补办登记。

《最高人民法院关于适用〈中华人民共和国民法典〉婚姻家庭编的解释（一）》

第五条 当事人请求返还按照习俗给付的彩礼的，如果查明属于以下情形，人民法院应当予以支持：

（一）双方未办理结婚登记手续；

（二）双方办理结婚登记手续但确未共同生活；

（三）婚前给付并导致给付人生活困难。

适用前款第二项、第三项的规定，应当以双方离婚为条件。

法条释义

以上条文是《民法典》《最高人民法院关于适用〈中华人民共和国民法典〉婚姻家庭编的解释（一）》关于法律适用、彩礼返还的相关规定。

《民法典》第十条是关于处理民事纠纷适用法律的规定。依据该条的规定，处理民事纠纷的根据为：

（1）处理民事纠纷，应当依照法律。这里所说的"法律"应作广义的理解，是指依照立法规定享有立法权的国家机关制定的法律规范的总称，包括民事法律、行政法规、地方性法规、自治条例和单行条例、行政规章等。在此需要特别注意的是，最高人民法院关于民事方面的司法解释也是处理民事纠纷的重要法律依据。《全国人民代表大会常务委员会关于加强法律解释工作的决议》第二条规定："凡属于法院审判工作中具体应用法律、法令的问题，由最高人民法院进行解释。"《中华人民共和国人民法院组织法》第十八条规定："最高人民法院可以对属于审判工作中具体应用法律的问题进行解释。"因此，最高人民法院制定和发布的司法解释也是我国民事法律规范中的重要组成部分。所以，在司法实务中，人民法院才能依据最高人民法院的相关司法解释来处理诸如彩礼返还等案件。

（2）法律没有规定的，可以适用习惯。这里所说的"习惯"，是指当事人所知悉或实践的生活和交易习惯，包括民间习惯和商业习惯。适用习惯处理民事纠纷，必须符合两个条件：一是对该事项没有法律规定；二是该习惯不得违背公序良俗。例如，"寡妇不得改嫁""嫁出去的女儿不享有继承权"等都违背了公序良俗，是"陋俗"非习惯。因此，对于违背公序良俗的恶俗习惯，法官不得以"可以适用习惯"为理由加以适用。

《民法典》第一千零四十二条第一款明确指出，禁止借婚姻索取财物。借婚姻索取财物，是指以索取对方财物为结婚条件的违法行为，其表现形式多种多样，最常见的就是索要彩礼的现象。彩礼是我国婚娶时的民俗习惯，但近年来彩礼给付有愈演愈烈之势，使许多家庭背上了沉重的经济负担，甚至出现借彩礼之名义大肆索要财物问题。本条直接作出明确的禁止性规定，向百姓清晰准确地表明了法律对这些行为的否定，有助于指引和规范人们的行为，也为婚姻中的受害人维权提供了强有力的法律武器。所以，给付彩礼应当适可而止、量力而行，应当有助于婚姻的幸福而非破裂之诱因。

胎儿可以继承遗产吗?

> 未出生的宝宝可以继承遗产。

生活小案例

王女士和李某相恋多年,两人顺利登记结婚。几年后,王女士怀孕,李某因交通事故不幸死亡。李某留下了一笔不菲的遗产,其生前没有立下遗嘱。为分割李某的遗产,王女士与李某的父母发生了争议:王女士腹中的胎儿是否应分得遗产?

案例分析

本案争议的关键点在于胎儿是否享有继承的权利。根据《民法典》第十六条的规定，涉及遗产继承、接受赠与等胎儿利益保护的，胎儿视为具有民事权利能力。因此，在本案中，胎儿是继承人之一，继承开始后，可以参加遗产分割。但因其尚未出生，由其母亲代其进行继承行为。因李某生前未订立遗嘱，所以应按照法律规定分割其遗产，即遗产由李某的父亲、母亲、妻子王女士和王女士腹中的胎儿四人继承。如果腹中胎儿出生时为死体，该死产胎儿继承的遗产份额再分为三份，由李某的父亲、母亲、妻子王女士三人均分。因此，王女士腹中的胎儿应当分得遗产。

关联法条

《中华人民共和国民法典》

第十六条 涉及遗产继承、接受赠与等胎儿利益保护的，胎儿视为具有民事权利能力。但是，胎儿娩出时为死体的，其民事权利能力自始不存在。

第一千一百五十五条 遗产分割时，应当保留胎儿的继承份额。胎儿娩出时是死体的，保留的份额按照法定继承办理。

法条释义

以上条文是《民法典》关于胎儿利益特殊保护的规定。胎儿因未出生，不是法律规定的民事主体，也就不能作为权利主体。但是，根据《民法典》的规定，在涉及胎儿利益保护时，把胎儿视为法律上的人，享有民事权利。具体而言，主要包括四种情况：

（1）保护胎儿的遗产继承利益，胎儿享有继承权。

（2）保护胎儿的赠与利益。如胎儿出生前爷爷赠与胎儿一对玉石手镯,其父母代为接受,胎儿对玉镯享有所有权。

(3)保护胎儿的健康利益。如在受孕期间,因医疗事故致害,出生前其父母可主张胎儿受害的人身伤害赔偿请求权;胎儿出生后查明与医疗事故有关的,胎儿可以主张人身伤害赔偿请求权,该权利由其父母代为行使。

(4)保护胎儿的身份利益。如胎儿出生前,其父亲因他人醉驾致死,胎儿可以向肇事人主张抚养费和抚慰金,该权利由其母亲代为行使。

需要注意的是,如果胎儿出生时为死体的,则不涉及胎儿利益保护。因此,为胎儿保留的遗产份额,由被继承人的法定继承人继承;已经交付的赠与财产应予以返还,赠与财产未转移的,死产胎儿的父母不得请求赠与人交付赠与财产;胎儿因父亲死亡获得的抚养费和抚慰金应当予以返还。

未成年人打赏网络主播的巨款能讨回吗？

生活小案例

陈女士突然收到一条手机短信，上面显示她的银行卡转账1万元。仔细检查账单明细之后，陈女士吃惊地发现除了这笔1万元的转账，在短短的20天内，她的银行卡竟向同一个账户转账8万余元。

而这些钱流向了何处呢？陈女士12岁的儿子浩浩给出了一个令人意想不到的回答：这8万余元都被他用来刷礼物打赏给女主播了。陈女士立即与女主播联系要求退款，遭到拒绝。陈女士能要求女主播退钱吗？

 **案例分析**

本案涉及限制民事行为能力人实施的民事法律行为的效力问题。依据《民法典》第一百四十五条的规定，12 岁的孩子属于限制民事行为能力人，可以独立实施纯获利益的民事法律行为或者与其年龄、智力相适应的民事法律行为。

本案中浩浩打赏女主播的行为属于超越年龄、智力的民事法律行为，是否有效取决于其父母事后是否同意或追认。如果其父母事后追认，该行为有效；如果其父母拒绝追认，该行为无效。

本案中，浩浩的母亲陈女士得知情况后立即与女主播联系要求退款，表明其拒绝追认浩浩的行为。因此，浩浩打赏主播 8 万余元的行为无效，陈女士可以要求主播退还。但是，对于浩浩打赏主播的行为，父母作为监护人没有尽到监护职责，存在一定的过错，也应承担相应的责任。

此外，陈女士必须举证证明是浩浩实施的打赏行为，否则不能适用《民法典》第一百四十五条的规定。

 **关联法条**

《中华人民共和国民法典》

第十七条　十八周岁以上的自然人为成年人。不满十八周岁的自然人为未成年人。

第十八条　成年人为完全民事行为能力人，可以独立实施民事法律行为。

十六周岁以上的未成年人，以自己的劳动收入为主要生活来源的，视为完全民事行为能力人。

第十九条　八周岁以上的未成年人为限制民事行为能力人，实施民事法律行为由其法定代理人代理或者经其法定代理人同意、追认；但是，可以独立实施纯获利益的民事法律行为或者与其年龄、智力相适应的民事法律行为。

第一百四十五条 限制民事行为能力人实施的纯获利益的民事法律行为或者与其年龄、智力、精神健康状况相适应的民事法律行为有效；实施的其他民事法律行为经法定代理人同意或者追认后有效。

相对人可以催告法定代理人自收到通知之日起三十日内予以追认。法定代理人未作表示的，视为拒绝追认。民事法律行为被追认前，善意相对人有撤销的权利。撤销应当以通知的方式作出。

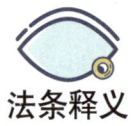

法条释义

以上条文是《民法典》关于自然人民事行为能力的相关规定。

自然人的民事行为能力，是指自然人能够以自己的行为行使民事权利、承担民事义务的资格。根据自然人的年龄、智力状态、精神状况等因素，自然人的民事行为能力分为：

（1）完全民事行为能力。年满十八周岁的成年人和十六周岁以上、以自己的劳动收入为主要生活来源的未成年人属于完全民事行为能力人，可以独立实施民事法律行为，如买卖房屋、订立遗嘱等。

（2）限制民事行为能力。八周岁以上的未成年人和不能完全辨认自己行为的成年人属于限制民事行为能力人，可以独立实施纯获利益的民事法律行为或者与其年龄、智力相适应的民事法律行为，如接受赠与、花钱买文具;超越其年龄、智力的民事法律行为必须由其法定代理人代理或者经其法定代理人同意、追认方才有效。

（3）无民事行为能力。八周岁以下的未成年人和不能辨认自己行为的成年人属于无民事行为能力人,其不能独立实施任何民事法律行为,而必须由其法定代理人代理实施。因此,无民事行为能力人所实施的民事法律行为都是无效的。但在实践中,应允许无民事行为能力人实施如下两类行为:一是进行与其年龄、智力相符合的日常生活必需的细小行为,如乘坐公交车、购买冰棍等行为;二是纯获利益的民事法律行为,如接受赠与、奖励、报酬等。

监护人剥夺孩子的受教育权怎么办？

生活小案例

陆某与小梅婚后育有一子小军。后来，双方因感情不和离婚，约定儿子小军由母亲小梅抚养。离婚后，小梅以种种理由拒绝让父子相见。

更为严重的是，小梅好像心理出现了问题，在廉租房里常年闭门不出，由于没有工作，长期靠父母接济为生。她甚至不让小军上学，一直陪着自己。

陆某得知情况后，向法院起诉要求变更抚养权。法院先是作了调解处理，但是小梅拒不履行调解书约定义务。小军年满8周岁，已到适学年龄，陆某再次向法院起诉变更抚养权。法院现在要如何做，才能帮助陆某和小军呢？

 案例分析

本案的焦点在于儿童受教育权的问题。父母或者其他监护人应当尊重未成年人受教育的权利，必须使适龄未成年人依法入学接受并完成义务教育，不得使接受义务教育的未成年人辍学。

本案中，小军随母亲小梅生活期间，小梅不履行监护义务，拒绝送小军上学，不让小军接受义务教育的行为，严重侵害了小军的受教育权利。

在监护人侵害孩子的受教育权时，市未成年人保护办公室、妇联、团委、家调委、社区、教育等部门工作人员应当上门调解，解决问题。如果是离异家庭，如果与子女共同生活的一方不尽抚养义务，另一方要求变更子女抚养关系的，人民法院应予支持。

本案中，小梅无工作、无住房、无经济来源，无法保障小军的生活、学习所需，且侵犯小军的受教育权，本着儿童利益最大化原则，法院判决支持陆某变更抚养关系的诉求。

关联法条

《中华人民共和国民法典》

第二十六条　父母对未成年子女负有抚养、教育和保护的义务。

《中华人民共和国宪法》

第四十六条　中华人民共和国公民有受教育的权利和义务。

国家培养青年、少年、儿童在品德、智力、体质等方面全面发展。

《中华人民共和国义务教育法》

第二条　国家实行九年义务教育制度。

义务教育是国家统一实施的所有适龄儿童、少年必

须接受的教育，是国家必须予以保障的公益性事业。

……

第五条第二款 适龄儿童、少年的父母或者其他法定监护人应当依法保证其按时入学接受并完成义务教育。

法条释义

以上条文是相关法律关于未成年人受教育权的规定。

受教育权是公民的基本权利之一，每个公民都必须按照法律要求，接受教育。侵害受教育权实际上是侵害了他人通过教育获得人力资本并最终获得财产利益的可能性。

父母应当依照法律和道德要求，对未成年子女进行知识技能培育和健康人格养成，有义务促使未成年人在德、智、体等方面全面发展。在适龄阶段，使孩子接受学校教育，为孩子提供应有的教育条件。对于侵害未成年人合法权益的行为，第三人以及国家有关部门都可以进行阻止。

为了保障适龄儿童、少年接受义务教育的权利，国家专门出台了《中华人民共和国义务教育法》，不仅规范了学校的教育教学行为，而且规范了家庭以及社会的教育行为，为孩子的未来提供了基础保障。

未成年人没有监护人怎么办？

生活小案例

　　林某带着儿子轩轩离开家乡谋生，A市70多岁的"五保户"杨阿姨收留了林某母子俩。轩轩6周岁时，林某因盗窃被判处拘役6个月，轩轩由杨阿姨照顾。

　　林某出狱后没有找过轩轩，而是平白无故"消失"了，把轩轩扔给了杨阿姨。A市民政局综合考虑到轩轩的情况，决定送他到A市社会福利院。

　　社会福利院接收儿童的必要条件是父母无监护能力或监护缺失，且没有其他依法具有监护资格的人，目前林某还是轩轩的监护人，所以无法接收。因此，民政局向法院提起撤销林某监护权的诉讼。法院要怎么处理呢？

案例分析

根据《民法典》的规定，监护人因为实施严重损害被监护人身心健康的行为；怠于履行监护职责，或者无法履行监护职责且拒绝将监护职责部分或者全部委托给他人，导致被监护人处于危困状态；实施严重侵害被监护人合法权益的其他行为，人民法院有权撤销监护人资格。

本案中，被监护人轩轩只有6周岁，其母亲林某既未能做好孩子的榜样，因盗窃入狱，又怠于履行监护职责，甚至在出狱后不知所终，使轩轩长时间处于脱管、生活无着状态，严重侵害了轩轩的合法权益，所以法院判决撤销林某的监护人资格。

原监护人资格被撤销后，需要依法指定新的监护人。考虑到一直照顾轩轩的杨阿姨年老，没有收入来源，生活困难，无法负担起照顾轩轩的监护责任，所以轩轩的监护应该由国家有关部门担任。

因轩轩没有固定的村或者社区居住地，A市民政局自愿申请成为轩轩的监护人，符合公职监护人的范畴，主体适格，并且有利于保护被监护人的人身权利、财产权利及其他权利，所以法院指定A市民政局为轩轩的监护人。

《中华人民共和国民法典》

第三十一条 对监护人的确定有争议的，由被监护人住所地的居民委员会、村民委员会或者民政部门指定监护人，有关当事人对指定不服的，可以向人民法院申请指定监护人；有关当事人也可以直接向人民法院申请指定监护人。

居民委员会、村民委员会、民政部门或者人民法院应当尊重被监护人的真实意愿，按照最有利于被监护人的原则在依法具有监护资格的人中指定监护人。

依据本条第一款规定指定监护人前，被监护人的人身权利、财产权利以及其他合法权益处于无人保护状态的，由被监护人住所地的居民委员会、村民委员会、法律规定的有关组织或者民政部门担任临时监护人。

监护人被指定后，不得擅自变更；擅自变更的，不免除被指定的监护人的责任。

第三十二条 没有依法具有监护资格的人的，监护人由民政部门担任，也可以由具备履行监护职责条件的被监护人住所地的居民委员会、村民委员会担任。

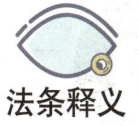
法条释义

以上条文是《民法典》关于监护人的相关规定。

监护人是指成年人对无民事行为能力人和限制民事行为能力人，履行监督和保护职责的人。未成年人的监护人一般是其父母，在未成年人的父母已经死亡或者没有监护能力的时候，祖父母、外祖父母、兄、姐，其他愿意担任监护人的个人或者组织，经未成年人住所地的居民委员会、村民委员会或者民政部门同意，可以成为监护人。

政府的民政主管部门在监护制度中具有两项重要职责：

（1）对无民事行为能力人和限制民事行为能力人

的监护进行监督,监督无民事行为能力人或者限制民事行为能力人的监护人依法履行监护职责。

(2)在无民事行为能力人或者限制民事行为能力人的监护人缺位时,自己可以作为其监护人,履行监护职责。

"空巢老人"可以指定邻居为监护人吗?

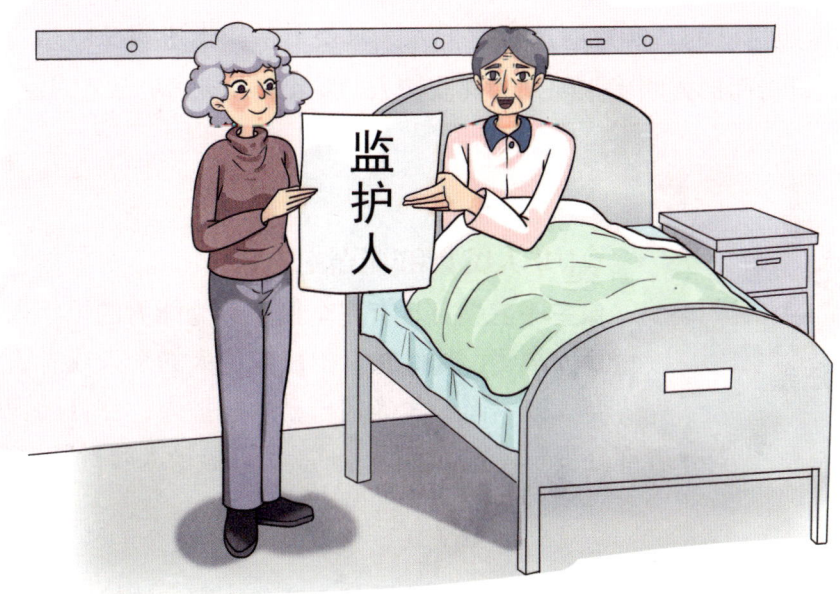

生活小案例

王某的爱人于10年前去世,两个女儿定居国外,年过七旬的王某成了"空巢老人"。王某身体一直不太好,生病住院都靠邻居张阿姨来照顾。

今年3月,王某做了一个小手术,术后有了一个想法:要是自己突然中风失去意识,没人签字抢救治疗,也没人照顾生活,怎么办呀?

于是,王某打算趁头脑清醒之时指定邻居张阿姨为自己的监护人。王某的愿望能实现吗?

案例分析

本案涉及成年人监护问题。根据《民法典》的规定,具有完全民事行为能力的成年人可以与他人书面约定在其丧失或者部分丧失民事行为能力时,由该人履行监护职责。

本案中,年过七旬的王某现在头脑清醒,具有完全民事行为能力,可以按照自己的真实意愿选定监护人。只要王某和张阿姨经协商达成一致,并以书面形式明确张阿姨为其监护人,那么张阿姨就是王某的监护人。

关联法条

《中华人民共和国民法典》

第三十三条 具有完全民事行为能力的成年人,可以与其近亲属、其他愿意担任监护人的个人或者组织事先协商,以书面形式确定自己的监护人,在自己丧失或者部分丧失民事行为能力时,由该监护人履行监护职责。

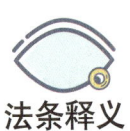

法条释义

本条是《民法典》关于成年人意定监护的规定。

意定监护,是指具有完全民事行为能力的成年人,与他人或者组织事先协商,以书面形式约定在其丧失或者部分丧失民事行为能力时,由该人或组织担任自己的监护人。

意定监护主要适用于成年人因年老、精神疾病或意外事故等原因丧失或者部分丧失民事行为能力的情形,有利于保护失能成年人和孤寡老人的人身财产权益,最大限度地尊重了当事人的意愿。适用本条应注意以下几点:

（1）只有具有完全民事行为能力的成年人才能通过协议确定自己的监护人。

（2）意定监护的监护人范围较为广泛，既可以是父母、子女等近亲属，又可以是亲朋好友、邻居或者组织，并且他们之间没有先后顺序的限制。

（3）为确定监护协议的内容，减少可能发生的争议，意定监护必须采用书面形式。实务中，一般都会对意定监护进行公证。

（4）意定监护的监护人只有在成年人丧失或者部分丧失民事行为能力时才履行监护职责，其监护职责主要包括生活照管、医疗救治、财产监管、权益维护等。

殴打孩子会被剥夺监护人资格吗？被剥夺后能恢复吗？

生活小案例

单身母亲韩某多次使用小刀割伤年仅 12 岁的亲生儿子陈某的后背、双臂，用针扎其臀部和大腿。虽然当地村委会干部及民警多次对韩某进行批评教育，但韩某拒不悔改。

某日，韩某再次用针扎陈某臀部和大腿。为此，韩某被公安机关处以行政拘留 15 日的处罚。之后，韩某所在的村委会向法院申请依法撤销韩某对陈某的监护人资格，并申请指定村委会为陈某的监护人。村委会的请求能得到法院的支持吗？

案例分析

本案涉及监护人资格的撤销问题。父母是未成年子女的法定监护人，应当履行监护职责。父母作为监护人，应当保护未成年子女的身体健康、照顾其生活、维护其合法权益，并对未成年子女进行管理和教育。

本案中，韩某作为陈某的法定监护人，不但没有积极履行监护职责，反而采用殴打等方式对陈某进行长期虐待，经教育后仍拒不悔改，严重损害了陈某的身心健康，不宜再作为陈某的监护人。

根据《民法典》的规定，人民法院依据村委会的申请，撤销韩某对陈某的监护人资格，并指定村委会担任陈某的监护人。如果韩某的伤害、侵害行为不构成故意犯罪，在一定条件下，韩某可向人民法院申请恢复其监护人资格。

关联法条

《中华人民共和国民法典》

第三十六条 监护人有下列情形之一的，人民法院根据有关个人或者组织的申请，撤销其监护人资格，安排必要的临时监护措施，并按照最有利于被监护人的原则依法指定监护人：

（一）实施严重损害被监护人身心健康的行为；

（二）怠于履行监护职责，或者无法履行监护职责且拒绝将监护职责部分或者全部委托给他人，导致被监护人处于危困状态；

（三）实施严重侵害被监护人合法权益的其他行为。

本条规定的有关个人、组织包括：其他依法具有监护资格的人，居民委员会、村民委员会、学校、医疗机构、妇女联合会、残疾人联合会、未成年人保护组织、依法设立的老年人组织、民政部门等。

前款规定的个人和民政部门以外的组织未及时向人民法院申请撤销监护人资格的，民政部门应当向人民法院申请。

第三十八条 被监护人的父母或者子女被人民法院撤销监护人资格后，除对被监护人实施故意犯罪的外，确有悔改表现的，经其申请，人民法院可以在尊重被监护人真实意愿的前提下，视情况恢复其监护人资格，人民法院指定的监护人与被监护人的监护关系同时终止。

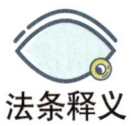

法条释义

以上条文是《民法典》关于监护人资格的撤销和恢复的规定。

根据《民法典》第三十六条规定，监护人有下列情形之一的，撤销其监护人资格：

（1）实施严重损害被监护人身心健康的行为。例如，性侵害、出卖、遗弃、虐待、暴力伤害被监护人等。

（2）怠于履行监护职责，或者无法履行监护职责且拒绝将监护职责部分或者全部委托给他人，导致被监护人处于危困状态。例如，拒不履行监护职责长逾6个月，导致被监护人流离失所或者生活无着的；有吸毒、赌博、长期酗酒等恶习无法正确履行监护职责或者因服刑等原因无法履行监护职责，且拒绝将监护职责部分或者全部委托给他人，致使被监护人处于困境或者危险状态的。

（3）实施严重侵害被监护人合法权益的其他行为。例如，教唆、利用未成年人实施违法犯罪行为，情节恶劣的；恶意侵占被监护人财产的。

监护人存在上述情形的，以下人员或组织有权向人民法院申请撤销其监护人资格：

（1）依法应被撤销监护资格的监护人以外的其他依法具有监护资格的人，包括父母、子女、其他近亲属。

（2）居民委员会、村民委员会、学校、医疗机构、妇女联合会、残疾人联合会、未成年人保护组织、依法设立的老年人组织、民政部门等有关组织。其中，在个人和其他组织未及时向人民法院申请时，民政部门应当向人民法院申请。

监护人被撤销监护资格后，具备以下条件的，可以恢复其监护人资格：

（1）只有被监护人的父母或者子女在被撤销监护资格后才可以恢复监护资格。

（2）被撤销监护资格的监护人没有对被监护人实施过故意犯罪。例如，如故意伤害、遗弃、虐待、性侵害、出卖等。

（3）被撤销监护资格的监护人确有悔改表现。

（4）被监护人愿意恢复。

（5）被撤销监护资格的监护人向人民法院提出申请。

个体工商户债务应该由谁偿还？

以个人财产承担。

公司破产了，没有钱还。

个体

朋友

生活小案例

个体工商户孙某向朋友李某借了50万元用于个体经营，后因经营不善导致赔本。李某得知此事后找到孙某要求还钱，孙某以个体经营失败为理由，拒绝还钱。李某随即将孙某诉至法院，要求以孙某个人及其家庭的财产还钱。李某的主张能得到法院的支持吗？

 **案例分析**

本案涉及个体工商户债务承担问题。根据《民法典》的规定,个体工商户的债务,个人经营的,以个人财产承担;家庭经营的,以家庭财产承担;无法区分的,以家庭财产承担。判断是个人经营还是家庭经营,应根据投资主体、经营主体、受益主体和家庭财产制度等进行综合判断。

对于本案,如果孙某是以个人财产投资、个人经营,经营所获收益用于孙某个人消费,孙某与妻子约定婚姻关系存续期间收入归各自所有,那么该债务属于孙某个人经营的个体工商户产生的债务,应以孙某个人财产承担债务;反之,应以孙某个人及其家庭财产承担该债务。

 **关联法条**

《中华人民共和国民法典》

第五十四条 自然人从事工商业经营,经依法登记,为个体工商户。个体工商户可以起字号。

第五十六条第一款 个体工商户的债务,个人经营的,以个人财产承担;家庭经营的,以家庭财产承担;无法区分的,以家庭财产承担。

 **法条释义**

以上条文是《民法典》关于个体工商户及其债务承担的规定。

个体工商户是指经依法登记,从事工商业经营的自然人。依据《民法典》第五十六条规定,对个体工商户经营活动所产生的债务承担应分情况处理:

(1)个人经营个体工商户的,以个人财产承担该债务。所谓"个人经营",是指以个人财产出资由个人独自开展工商业经营活动,并且经营所得不主要用于家庭消费的情形。所谓"个人财产",是指个体工商户经营者的财产,与家庭财产严格区分。例如,甲为个体工商户,与妻子乙约定:夫妻关系存续期间所得财产归各自所有。所谓"以个人财产承担该债务",是指因个人经营个体工商户所产生的债务,由其个人财产承担。

(2) 家庭经营个体工商户的,以家庭财产承担该债务。所谓"家庭经营",是指以家庭财产出资经营,或者以个人财产和家庭财产共同出资经营。所谓"家庭财产",是指从事经营的各个家庭成员的个人财产和共同财产。

(3) 无法区分是个人经营还是家庭经营的,以家庭财产承担该债务。

综上可见,在涉及个体工商户的债权债务纠纷时,需要根据投资主体、经营主体、受益主体和家庭财产制度等进行综合考虑,从而准确判断承担民事责任的主体,以便更好地保护个体工商户和债权人的利益。

医疗机构能将医疗卫生设施设定抵押吗?

生活小案例

某公立医院与银行签署了借款抵押合同,拟用其自有的办公楼和住院部的房屋及土地作抵押,向银行贷款用于购买医疗设备。

双方签订借款抵押合同后,到不动产登记机构申请办理不动产抵押登记时,被工作人员告知抵押房屋属于医疗卫生设施,不能设定抵押。

银行和医院认为,医院有权自由支配其名下的房产。为此,双方产生了争论。那么,医院有权以医疗卫生设施设定抵押吗?

案例分析

本案的焦点在于医院是否能够以医疗卫生设施设定抵押。本案中，医院与银行签署借款抵押合同，以医院的住院部等医疗卫生设施设定抵押，表面上形成了法律上的担保关系，但是在申请办理不动产抵押登记时遭到拒绝，理由是医疗卫生设施不得设定抵押。

依据《民法典》的规定，医院属于为公益目的或者其他非营利目的而成立的机构，其财产不得抵押。因此，虽然医院和银行签署了借款抵押合同，但是其本身不符合法律规定。

关联法条

《中华人民共和国民法典》

第八十七条　为公益目的或者其他非营利目的成立，不向出资人、设立人或者会员分配所取得利润的法人，为非营利法人。

非营利法人包括事业单位、社会团体、基金会、社会服务机构等。

第三百九十九条　下列财产不得抵押：

（一）土地所有权；

（二）宅基地、自留地、自留山等集体所有土地的使用权，但是法律规定可以抵押的除外；

（三）学校、幼儿园、医疗机构等为公益目的成立的非营利法人的教育设施、医疗卫生设施和其他公益设施；

（四）所有权、使用权不明或者有争议的财产；

（五）依法被查封、扣押、监管的财产；

（六）法律、行政法规规定不得抵押的其他财产。

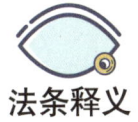

法条释义

以上条文是《民法典》对抵押财产范围的规定。

《民法典》在列举了可以设定抵押财产种类的同时，基于对公共利益、社会政策等各方面考虑，于第三百九十九条中，非常明确地划定了禁止设定抵押的财产范围，特别是强调了教育设施、医疗卫生设施等公益设施不得设定抵押。

这是因为，无论是公办还是民办，这些单位都是出于社会公益目的设立的，这些设施一旦设定抵押权，在实现抵押权时将造成公益目的无法实现的后果。为了保证正常教学、医疗活动不受干扰，防止接受教育或医疗服务者的权利受到侵害，保障公共利益，维护社会秩序的稳定，法律作出了排他性规定。

学校、幼儿园、医疗机构等都属于非营利法人，是经有关机关登记，按上级有关规定收取一定的规费或有偿提供服务收取费用，纳入财政预算管理的单位，包括事业单位、社会团体、基金会、社会服务机构等。它们都不具有营利性，不以获取利润为目的。

> 依据《民法典》的规定，医院属于为公益目的或者其他非营利目的而成立的机构，其财产不得抵押。

言语上的冒犯，形成性骚扰吗？

生活小案例

小曾在一家网络公司上班。这家公司男多女少，男员工说话总是无所顾忌，由于女职员太少，无法进行反击，所以她们只能默默忍受着。

小曾所在部门只有她一个女员工，这种氛围让她感觉很不舒服。这天，小曾的男同事又说了冒犯女性的话，被小曾骂了一顿，这些男同事都不以为然，还说小曾开不起玩笑。

对于这种恶俗的风气，小曾向公司领导反映，但是公司领导认为，男员工仅仅是口头上开玩笑，没有实际动作行为，不能算性骚扰。公司领导的理解正确吗？

案例分析

本案的焦点在于口头上关于两性的所谓"玩笑"算不算性骚扰。《民法典》中，首次记载了关于性骚扰的法条，即"违背他人意愿，以言语、文字、图像、肢体行为等方式对他人实施性骚扰的，受害人有权依法请求行为人承担民事责任"。所以，语言上的冒犯也属于性骚扰的范畴，所以这家公司领导的理解是错误的。

《民法典》规定："机关、企业、学校等单位应当采取合理的预防、受理投诉、调查处置等措施，防止和制止利用职权、从属关系等实施性骚扰。"

小曾所在公司一直存在类似问题，但是女员工没有形成强大的反抗力量，大家都选择沉默；小曾向公司领导反映，也没有得到领导的重视。因此，这家公司本身便存在问题，没有做到合理预防和正确受理投诉。

关联法条

《中华人民共和国民法典》

第一百零九条 自然人的人身自由、人格尊严受法律保护。

第一百一十条 自然人享有生命权、身体权、健康权、姓名权、肖像权、名誉权、荣誉权、隐私权、婚姻自主权等权利。

法人、非法人组织享有名称权、名誉权和荣誉权。

第一千零一十条 违背他人意愿，以言语、文字、图像、肢体行为等方式对他人实施性骚扰的，受害人有权依法请求行为人承担民事责任。

机关、企业、学校等单位应当采取合理的预防、受理投诉、调查处置等措施，防止和制止利用职权、从属关系等实施性骚扰。

《中华人民共和国治安管理处罚法》

第四十二条 有下列行为之一的，处五日以下拘留或者五百元以下罚款；情节较重的，处五日以上十日以下拘留，可以并处五百元以下罚款：

（一）写恐吓信或者以其他方法威胁他人人身安全的；

（二）公然侮辱他人或者捏造事实诽谤他人的；

（三）捏造事实诬告陷害他人，企图使他人受到刑事追究或者受到治安管理处罚的；

（四）对证人及其近亲属进行威胁、侮辱、殴打或者打击报复的；

（五）多次发送淫秽、侮辱、恐吓或者其他信息，干扰他人正常生活的；

（六）偷窥、偷拍、窃听、散布他人隐私的。

第四十四条 猥亵他人的，或者在公共场所故意裸露身体，情节恶劣的，处五日以上十日以下拘留；猥亵智力残疾人、精神病人、不满十四周岁的人或者有其他严重情节的，处十日以上十五日以下拘留。

法条释义

以上条文是《民法典》《中华人民共和国治安管理处罚法》关于性骚扰的规定。

性骚扰属于人格权范围。一般来说，性骚扰是一种不受欢迎或不被接受的行为，或带有性意识的接触。若某一方用各种方法去接近或者尝试接近另一方，而另一方没有兴趣、不喜欢、不愿意或不想要这些带有性意识的接近，便可以构成性骚扰。常见的性骚扰主要包括以下情形：

（1）被反复凝视身体的敏感部位，或者被带有性意味的长时间注视。

（2）他人身体故意靠近。

（3）他人通过电话、手机或信件挑逗或性暗示。

（4）他人以性为内容进行辱骂。

（5）他人以利益作为交换条件提出性要求。

（6）他人作出猥亵动作，包括手势、暴露性器官等。

（7）被人强行抚摸。

（8）被人强行搂抱。

（9）被人强行亲吻。

（10）被人强迫发生性关系。

性骚扰不仅会发生在女性身上，也会发生在男性身上。如今《民法典》的法条中开始运用"他人""受害人"的文字表述，对性骚扰的保护已经没有具体的性别区分，从而保护了男性的权益。但是，《中华人民共和国刑法》（以下简称《刑法》）中，仅仅提到了对妇女和儿童的保护，没有提到对男性的相关保护法条。

"疫情大于一切"能够成为侵权的借口吗？

生活小案例

新冠肺炎疫情发生后，有一份进口白虾外包装上检测到新冠病毒，相关部门迅速组织涉事产品及购买人员进行核酸检测，并通过新闻媒体向大众进行通告。

新闻播出后，某营销策划公司将一份"已购进口白虾顾客名单"发布在了自己管理的微信公众号上，该名单包括了1万多名购买进口白虾人员的姓名、家庭住址、身份证号码、手机号码等详细的个人隐私信息。

这份名单很快在网络上疯狂流传，很多人都在微信群里看到了这份名单。大家纷纷查询自己所在小区是否有相关人员并将该名单广泛转载传播。

名单中的刘某认为这家营销策划公司非法泄露个人信息，一纸诉状将其告上法庭，要求被告在涉案微信公众号及权威报纸刊登书面道歉信，并要求被告赔偿精神损害赔偿金1万元。刘某的主张成立吗？

案例分析

法院审理后认为，虽然本案处在新冠肺炎疫情这一特殊公共事件发生的非常时期，但是被告未经相关权威机构授权和名单中当事人的同意，在明知侵犯相关当事人隐私的情况下，依旧以"目前是非常时期，没有什么东西比安全和生命更重要"和"目的在于希望涉及的群众主动配合官方"为借口，擅自将涉及相关人员的个人信息发布在公众平台上，属于侵犯他人权益。

不但如此，这份名单被公众大量浏览转载，造成了广泛的二次传播，致原告隐私严重泄露，情节恶劣。被告的这种行为不但会导致原告个人信息被泄露并被广泛传播，为其人身、财产安全带来巨大安全隐患，还会在新冠肺炎疫情特殊时期造成社会公众恐慌，给原告的日常生活造成负面影响，严重影响原告的日常人际交往和正常生活。

最终，法院判决：疫情不是泄露个人信息的正当理由，对被告"疫情大于一切"的借口不予支持。原告要求被告在权威报纸和涉案微信公众号刊登书面道歉文章，并赔偿精神损害赔偿金1万元的诉讼请求合理合法，因此法院予以支持。

关联法条

《中华人民共和国民法典》

第一百一十一条　自然人的个人信息受法律保护。任何组织或者个人需要获取他人个人信息的，应当依法取得并确保信息安全，不得非法收集、使用、加工、传输他人个人信息，不得非法买卖、提供或者公开他人个人信息。

第一千零三十四条　自然人的个人信息受法律保护。个人信息是以电子或者其他方式记录的能够单独或者与其他信息结合识别特定自然人的各种信息，包括自然人的姓名、出生日期、身份证件号码、生物识别信息、住址、电话号码、电子邮箱、健康信息、行踪信息等。

《中华人民共和国刑法》

第二百五十三条之一　违反国家有关规定，向他人出售或者提供公民个人信息，情节严重的，处三年以下有期徒刑或者拘役，并处或者单处罚金；情节特别严重的，处三年以上七年以下有期徒刑，并处罚金。

违反国家有关规定，将在履行职责或者提供服务过程中获得的公民个人信息，出售或者提供给他人的，依照前款的规定从重处罚。

窃取或者以其他方法非法获取公民个人信息的，依照第一款的规定处罚。

单位犯前三款罪的，对单位判处罚金，并对其直接负责的主管人员和其他直接责任人员，依照各款的规定处罚。

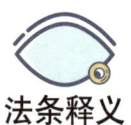

法条释义

以上条文是《民法典》《刑法》关于自然人的个人信息的相关规定。

自然人个人信息是指以电子或者其他方式记录的能够单独或者与其他信息结合识别特定自然人身份或者反映特定自然人活动情况的各种信息，包括姓名、身份证件号码、通信通讯联系方式、住址、账号密码、财产状况、行踪轨迹等。如果个人信息遭到泄露，相关权利人可以通过行政、民事以及刑事手段三种方法保护自身的合法权益：

（1）向行政管理部门举报投诉。在实体消费过程中发生的个人信息泄露可以向工商行政部门、消费者协会投诉，在虚拟网络中发生的侵权行为，可以向互联网管理部门举报。

（2）向公安机关报案。《刑法》第二百五十三条之一规定：对侵犯个人信息犯罪，可以通过报警、公权力救济方式惩戒犯罪，维护权利。

（3）向法院起诉，请求侵权人承担民事责任。司法机关可依照《民法典》的规定，对其相关民事权利予以保护。

在新冠肺炎疫情的特殊时期，尤其要注意个人信息的维护。为做好新冠肺炎疫情期间利用大数据联防联控和保护公民个人信息之间的平衡，中共中央网络安全和信息化委员会办公室专门发布了《关于做好个人信息保护利用大数据支撑联防联控工作的通知》。

通知中指出，为疫情防控、疾病防治收集的个人信息，不得用于其他用途。任何单位和个人未经被收集者同意，不得公开姓名、年龄、身份证号码、电话号码、家庭住址等个人信息，因联防联控工作需要，且经过脱敏处理的除外。

当然，我们知道，为了更好地配合防疫工作，为了公众利益，隐私的让渡是有必要的。但是，打着关注疫情的幌子随意泄露他人信息的行为是违法的，甚至可以构成"网络暴力"。这种行为超出了法律边界，必须予以坚决抵制。

已抵押的房屋被转让，转让的买卖合同是否有效？

> 买卖合同无效。

生活小案例

刘某为个体工商户，因经营需要向好友荣某借款10万元，约定借款期限为一年，以自己的一套房子作为抵押，并完成了抵押登记。不久后，刘某因交通事故需要赔偿他人，为解燃眉之急遂将房子卖给了于某。

借款满一年后，因刘某无力还款，荣某欲行使抵押权时才知道刘某已将房子卖掉，愤而诉至法院，要求判决刘某与于某之间的买卖无效。法律对此是如何规定的呢？

案例分析

本案的焦点在于已经设定抵押的财产能否正常转让。本案中，刘某以自家房子向荣某设立借款抵押，并完成了抵押登记，因而荣某享有对该财产的优先受偿权。但是抵押权的存在，并不影响刘某对抵押财产的处分权，除非双方有特殊约定；同样，抵押财产的处分行为，也不影响荣某抵押权的实现。因此，刘某与于某的买卖合同成立，转让房产的行为有效。

与此同时，荣某仍可对抵押房屋主张抵押权。本案中，刘某转让抵押财产，应及时通知荣某，如果荣某能够证明房屋的转让可能损害其抵押权，可以要求刘某将转让所得款项提前清偿债务或者提存。

关联法条

《中华人民共和国民法典》

第一百一十八条 民事主体依法享有债权。

债权是因合同、侵权行为、无因管理、不当得利以及法律的其他规定，权利人请求特定义务人为或者不为一定行为的权利。

第一百一十九条 依法成立的合同，对当事人具有法律约束力。

第一百二十条 民事权益受到侵害的，被侵权人有权请求侵权人承担侵权责任。

第四百零二条 以本法第三百九十五条第一款第一项至第三项规定的财产或者第五项规定的正在建造的建筑物抵押的，应当办理抵押登记。抵押权自登记时设立。

第四百零六条 抵押期间，抵押人可以转让抵押财产。当事人另有约定的，按照其约定。抵押财产转让的，抵押权不受影响。

抵押人转让抵押财产的，应当及时通知抵押权人。抵押权人能够证明抵押财产转让可能损害抵押权的，可以请求抵押人将转让所得的价款向抵押权人提前清偿债务或者提存。转让的价款超过债权数额的部分归抵押人所有，不足部分由债务人清偿。

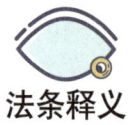

法条释义

以上条文是《民法典》对民事权益和抵押财产处分的相关规定。

债权是按照合同约定或者依照法律的规定，在当事人之间产生的特定权利和义务关系，也称为债权关系或者债的关系。债权是一种以地位平等的债权人和债务人的关系为中心的财产权，权利人基于债权人的地位，可以请求债务人为或不为特定行为。债只涉及特定的债务人，通常不约束此外的第三人。

《民法典》第一百一十九条是对第一百一十八条而作出的解释。如果基于此处理解，那么这里的合同应该是"终局有效的合同"，而不包括效力待定、附条件合同和无效的合同。依法成立的合同在生效后对双方当事人都有约束力，任何一方都不得对抗。也就是说，在合同内容真实、符合法律法规的规定、双方自愿签署的情况下，合同当事人有义务履行合同。

事实上，在财产上设置抵押权，并不能禁止抵押财产的流转，只要抵押权跟随抵押财产一并转移，就能够保障抵押权人的权利。故《民法典》将"抵押财产转让"从原《物权法》原则上不可转让改变为可以转让，即承认了抵押财产自由转让的规则，并且增加了转让后抵押权的追及效力。

（1）抵押期间，抵押人可以转让抵押财产的，并不加以禁止，只是在转让时应当通知抵押权人。

（2）如果当事人对此另有约定的，按照其约定。

（3）抵押期间，抵押人将抵押财产转让的，抵押权不受影响，即抵押财产是设有抵押权负担的财产，进行转让，抵押权随着所有权的转让而转让，取得抵押财产的受让人在取得所有权的同时，也负有抵押人所负担的义务，受到抵押权的约束。

（4）抵押权人能够证明抵押财产转让可能损害抵押权的，可以请求抵押人将转让所得的价款向抵押权人提前清偿债务或者提存。转让的价款超过债权数额的部分归抵押人所有，不足部分由债务人清偿。

以上内容的修改，一方面是为了维护善意第三人的权益，另一方面在抵押人资产充盈，不容易损害抵押权人利益时，确保了其财产处分的自由，同时也可避免部分抵押权人恶意阻止抵押人转让财产，阻碍商品流通的可能。

不当得利的返还情况有哪些？

生活小案例

贾某和文某是好朋友。今年，文某与A置业公司签订购房合同，房屋总价60万元，首付款20万元，商业贷款40万元。5天后，贾某帮助文某向A置业公司汇款20万元用于支付房屋首付款，之后又陆续代替文某支付了该房屋的建筑垃圾清运费、房屋维修基金、房屋契税和房屋贷款约18万元，文某均未归还。现在贾某起诉至法院，要求文某立即归还欠款38万元，并支付利息。

被告文某辩称：虽然房屋的首付款确实是由贾某账户汇入置业公司的，但是这笔资金是自己与贾某共同做生意时赚取的应得分成，所以不存在由原告贾某垫付的事实。而且原告贾某提供的银行存款回单等相关票据是贾某窃取的，贾某并未帮自己垫付过相关费用，上述费用均由文某自行支付。法院要如何判决呢？

案例分析

首先，从原告贾某账户汇入 A 置业公司的首付款是原告的资金还是被告的资金呢？法院认为，被告提供的相关证据并不能证明原告户名账户内的资金中有被告的份额，也未能证明该账户为原告、被告共同的资金账户，所以法院认定通过原告账户汇入 A 置业公司的首付款属于原告出资。

其次，已支付的相关建筑垃圾清运费、房屋维修基金、房屋契税以及房屋贷款的资金是由原告垫付还是被告自行支付的呢？法院认为，被告并无证据证明相关票据系被原告窃取，所以法院对被告的抗辩意见不予采信，认定上述费用均由原告支付。

由于上述款项的承担人是被告文某，现在由原告贾某在实际承担，所以文某已构成不当得利，依法应当承担返还的民事责任。因此法院判决：被告于判决生效之日起 10 日内返还原告人民币 38 万元，并按银行利率偿付原告利息损失。

关联法条

《中华人民共和国民法典》

第一百二十二条　因他人没有法律根据，取得不当利益，受损失的人有权请求其返还不当利益。

第九百八十五条　得利人没有法律根据取得不当利益的，受损失的人可以请求得利人返还取得的利益，但是有下列情形之一的除外：

（一）为履行道德义务进行的给付；

（二）债务到期之前的清偿；

（三）明知无给付义务而进行的债务清偿。

法条释义

以上条文是《民法典》关于不当得利的规定。

在没有合法根据的情况下,使他人受到损失而自己获得利益的事实为不当得利。构成不当得利有以下四项要件:

(1)一方获得利益。

(2)他方受到损失。

(3)一方获得利益和他方受到损失之间存在因果关系。

(4)无合法依据。

根据《民法典》的规定,受损失的人有权请求对方返还不当得利。返还不当得利简单来说,就是当原物尚存时,应返还原物;当原物丧失时,应当偿还价额。

不当得利的当事人可能是善意受益人、恶意受益人或者是第三方,但是无论哪种情况,在知道取得不当得利的时候,当事人都应当将利益返还。不当得利的返还有以下三种情况。

(1)善意受益人的返还义务:善意受益人是指受益时不知其受益无法律上依据的受益人。善意受益人受利益返还请求之时,要将现存利益返还;如果利益已经不存在,则不负返还义务。

(2)恶意受益人的返还义务:恶意受益人是指明知无法律的原因而取得利益的受益人,例如案中的文某。恶意受益人要负担返还义务,应当返还其当初所受的一切利益、该利益所生的利益以及当初所受利益的利息;如果恶意受领的利益不存在,不论什么原因,受益人都应当如数偿还。

(3)第三人的返还义务:如果不当得利受益人将标的物无偿让与第三人,则于受益人因此而免除返还义务的限度内，第三人对受损失者负有返还责任。构成第三人的返还损失义务有三个要件：①受益人为无偿让与；②标的物为受益人应当返还的物，不仅限于原物，还包括原物孳息、代偿物；③受益人因无偿让与而免除返还义务。

网络上转载他人文章，侵犯作者的知识产权吗？

这家网络公司，侵犯了我的合法权益。

生活小案例

小孟喜欢在自己的博客里写一些文章自娱。有一天，他发现一家网络文化公司在未经他的许可，也未支付稿酬的情况下，在其网站上转载了自己原创的一篇文章，并使用他人姓名，用于商业目的的宣传。

小孟认为，该网络文化公司未经同意使用自己的作品，还不支付稿酬，侵犯了自己的合法权益，请求法院判令该网络文化公司在公共媒体上向自己进行书面道歉，并赔偿自己因维权导致的经济损失。在网络上侵犯他人著作权，要承担什么责任呢？

案例分析

本案是一起侵害作品信息网络传播权的案件。信息网络传播权，即以有线或者无线方式向公众提供，使公众可以在其选定的时间和地点获得作品的权利。在网络环境下，未经版权所有人、表演者和录音制品制作者的许可，不得将其作品或录音制品上传到网上和在网上传播。

法院经审理认为，小孟是涉案文章的实际作者，对涉案文章享有著作权。网络文化公司未经著作权人同意，在未支付稿酬的情况下转载涉案文章，侵害了作者的作品信息网络传播权。法院判决该公司赔偿小孟经济损失及合理开支3000元。

关联法条

《中华人民共和国民法典》

第一百二十三条　民事主体依法享有知识产权。

知识产权是权利人依法就下列客体享有的专有的权利：

（一）作品；

（二）发明、实用新型、外观设计；

（三）商标；

（四）地理标志；

（五）商业秘密；

（六）集成电路布图设计；

（七）植物新品种；

（八）法律规定的其他客体。

第一千一百八十五条　故意侵害他人知识产权，情节严重的，被侵权人有权请求相应的惩罚性赔偿。

《中华人民共和国著作权法》

第五十二条 有下列侵权行为的，应当根据情况，承担停止侵害、消除影响、赔礼道歉、赔偿损失等民事责任：

（一）未经著作权人许可，发表其作品的；

（二）未经合作作者许可，将与他人合作创作的作品当作自己单独创作的作品发表的；

（三）没有参加创作，为谋取个人名利，在他人作品上署名的；

（四）歪曲、篡改他人作品的；

（五）剽窃他人作品的；

（六）未经著作权人许可，以展览、摄制视听作品的方法使用作品，或者以改编、翻译、注释等方式使用作品的，本法另有规定的除外；

（七）使用他人作品，应当支付报酬而未支付的；

（八）未经视听作品、计算机软件、录音录像制品的著作权人、表演者或者录音录像制作者许可，出租其作品或者录音录像制品的原件或者复制件的，本法另有规定的除外；

（九）未经出版者许可，使用其出版的图书、期刊的版式设计的；

（十）未经表演者许可，从现场直播或者公开传送其现场表演，或者录制其表演的；

（十一）其他侵犯著作权以及与著作权有关的权利的行为。

法条释义

以上条文是《民法典》《中华人民共和国著作权法》（以下简称《著作权法》）关于知识产权的规定。

知识产权是基于创造成果和工商标记依法产生的权利的统称，表面上可被理解为"对知识的财产权"。知识产权具有以下四点法律特征：

（1）客体具有非物质性。因为作品、创造发明和商誉等必须依赖于一定的物质载体而存在，是非物质成果。这就意味着，获得了物质载体并不等于享有其所承载的知识产权；转让物质载体的所有权不等于同时转让了知识产权；侵犯物质载体的所有权不等于同时侵犯了知识产权。

（2）特定的专有性。专有性又称排他性，是指在没有经过知识产权人许可或者法律特别规定的情况下，他人不得实施受知识产权专有权利控制的行为，否则构成侵权。

（3）时间性。多数知识产权的保护期是有限的，一旦超过法律规定的保护期限就不再受保护，创造成果将进入公有领域，成为人人都可以利用的公共资源；商标的注册也有法定的时间效力，期限届满时，如果权利人不续展注册，也进入公有领域。

（4）地域性。除非有国际条约、双边或多边协定的特别规定，否则知识产权的效力只限于本国境内。因为知识产权既是法定权利，也是一国公共政策的产物，必须通过法律的强制规定才能存在，其权利的范围和内容也完全取决于本国法律的规定，而各国关于知识产权的规定不完全相同。所以，除著作权外，一国的知识产权在他国不能自动获得保护。

为保护文学、艺术和科学作品作者的著作权和与著作权有关的权益，鼓励有益于社会主义精神文明、物质文明建设的作品的创作和传播，促进社会主义文化和科学事业的发展与繁荣，我国根据《中华人民共和国宪法》

制定了《著作权法》。

中国公民、法人或者非法人组织的作品,不论是否发表,依照《著作权法》享有著作权。

外国人、无国籍人的作品根据其作者所属国或者经常居住地国同中国签订的协议或者共同参加的国际条约享有的著作权,受《著作权法》保护。

外国人、无国籍人的作品首先在中国境内出版的,依照《著作权法》享有著作权。

未与中国签订协议或者共同参加国际条约的国家的作者以及无国籍人的作品首次在中国参加的国际条约的成员国出版的,或者在成员国和非成员国同时出版的,受《著作权法》保护。

小孟是涉案文章的实际作者,对涉案文章享有著作权。法院判决网络文化公司赔偿小孟经济损失及合理开支3000元。

没有遗嘱，私生子有继承权吗？

生活小案例

徐某是某公司的一名经理，父母已经过世，与妻子苏某有一个女儿小徐。徐某因为工作原因经常出差，10年前在出差时认识了尹某，第二年尹某生下一子叫小尹，小尹一直随母亲生活。

后来，徐某病逝。他留有银行存款30万元，名下住房一套。妻子苏某和女儿小徐在准备办理遗产交接的时候，尹某和小尹突然登门，说要继承徐某的遗产。

由于徐某生前没有遗嘱，现在家人因为遗产继承发生纠纷。那么，法院会支持谁呢？小尹有遗产继承权吗？

 **案例分析**

根据《民法典》继承编的规定，子女包括婚生子女、非婚生子女、养子女和有扶养关系的继子女。在本案中，虽然尹某并不是徐某的合法妻子，没有遗产继承权，但是小尹属于尹某与徐某的非婚生子女，在遗产继承上享有与婚生子女同等的权利与义务，有权继承父亲的合法财产。

虽然徐某与尹某违背公序良俗，存在不合法的关系，但是这种关系不应该伤害到子女。法律规定，非婚生子女拥有与婚生子女相同的权利与义务。因此，这笔遗产的继承人，有第一顺序继承人的妻子苏某和女儿小徐，还有非婚生关系的小尹。

 **《中华人民共和国民法典》**

第一百二十四条 自然人依法享有继承权。
自然人合法的私有财产，可以依法继承。

第一千一百二十七条 遗产按照下列顺序继承：
（一）第一顺序：配偶、子女、父母；
（二）第二顺序：兄弟姐妹、祖父母、外祖父母。
继承开始后，由第一顺序继承人继承，第二顺序继承人不继承；没有第一顺序继承人继承的，由第二顺序继承人继承。
本编所称子女，包括婚生子女、非婚生子女、养子女和有扶养关系的继子女。
本编所称父母，包括生父母、养父母和有扶养关系的继父母。
本编所称兄弟姐妹，包括同父母的兄弟姐妹、同父异母或者同母异父的兄弟姐妹、养兄弟姐妹、有扶养关系的继兄弟姐妹。

法条释义

以上条文是《民法典》关于继承权的规定。

《民法典》第一百二十四条是在《中华人民共和国继承法》的基础上作出的修改。一是将"公民"修改为"自然人";二是将"财产继承权"修改为"继承权";三是增加了关于自然人合法财产可以依法继承的规定,保护了民事主体财产权利。继承权作为一项因身份关系而取得的民事权利,一切自然人都享有。也就是说,从理论上来讲,根本不存在不享有继承权的自然人。

在我国,《民法典》中规定了遗产的继承顺序,第一顺序人有配偶、子女和父母,第二顺序人有兄弟姐妹、祖父母和外祖父母。这里所说的子女,包括婚生子女、非婚生子女、养子女和有扶养关系的继子女;所称父母,包括生父母、养父母和有扶养关系的继父母;所称兄弟姐妹,包括同父母的兄弟姐妹、同父异母或者同母异父的兄弟姐妹、养兄弟姐妹、有扶养关系的继兄弟姐妹。

继承权的放弃,须以明示的方式作出,且不能附加任何条件。

继承权的丧失,是指在发生法定事由时取消继承人继承被继承人遗产的权利。继承权丧失的法定事由包括以下四项:

(1) 故意杀害被继承人的,这种情况下继承权绝对丧失。

(2) 为争夺遗产而杀害其他继承人的,这种情况下继承权同样绝对丧失。

(3) 伪造、篡改或者销毁遗嘱情节严重的,继承权绝对丧失。

（4）遗弃或者虐待被继承人情节严重的，这种情况一般出现在公婆对待儿媳或者合法配偶对待非婚生子女的时候，这种情况下继承权相对丧失。

小尹属于尹某与徐某的非婚生子女，在遗产继承上享有与婚生子女同等的权利与义务，有权继承父亲的合法财产。

继承虚拟财产需要什么手续?

生活小案例

沈先生注册了一家网店,经过八年的精心打理,网店已经是极具信誉的老店。不幸的是,沈先生在一次车祸中身亡。妻子尤女士继承了沈先生的房产、存款等遗产后,打算继续经营沈先生注册的网店。

但是,因沈先生的银行账户已经办理作废手续,所以网店无法进行钱款往来,该网店因此被冻结。网店的定性是虚拟店铺,那么尤女士可以继承丈夫的虚拟店铺吗?

案例分析

随着互联网逐渐深入百姓生活，虚拟财产也呈多样化的发展趋势，现实中虚拟财产的交易、继承、分割等事项越来越多，需要相应的法律保护自身的利益。本案中涉及的网店虽然是虚拟店铺，但其注册、经营过程中所产生的名称、信用等涉及了财产利益，而这些财产利益则是受法律保护，也能够继承的。

本案中，电商平台的管理者表示，尤女士只有通过办理店铺继承的方式，将网络店铺更名到自己名下，才可以继续经营网店。公证处参考实体财产继承程序，让尤女士出示了个人身份证明、结婚证、沈先生的死亡证明以及网店相关材料后，为尤女士办理了网络店铺遗产继承公证，帮助尤女士完成了店铺更名过户手续，尤女士顺利继承了丈夫沈先生的虚拟店铺。

关联法条

《中华人民共和国民法典》

第三条　民事主体的人身权利、财产权利以及其他合法权益受法律保护，任何组织或者个人不得侵犯。

第一百一十三条　民事主体的财产权利受法律平等保护。

第一百二十四条　自然人依法享有继承权。

自然人合法的私有财产，可以依法继承。

第一百二十七条　法律对数据、网络虚拟财产的保护有规定的，依照其规定。

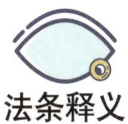

法条释义

以上条文是《民法典》关于虚拟财产的规定。

虚拟财产是指狭义的数字化、非物化的财产形式。它包括网络游戏货币、游戏账号的等级、游戏人物拥有的各种装备、长时间虚拟生活中形成的人物形象、电子邮件以及网络寻呼等一系列信息类产品。这些虚拟财产在一定条件下可以转换成现实中的财产,网络虚拟财产的法律保护和纠纷的解决就显得尤为重要。

《民法典》第一百二十七条的内容虽然简单,但是它弥补了我国法律在虚拟财产保护问题上的空白,明确了数据、网络虚拟财产的财产属性,迈出了法律全面保护虚拟财产的第一步,意义重大。我们也可以有法律根据地明确一点,即虚拟财产也是财产,受到法律保护,可以适用《民法典》中有关财产的法条规定。

尤女士通过办理店铺继承的方式,将网络店铺更名到自己名下,可以继续经营网店。

买到"凶宅"能退房吗?

生活小案例

张先生花费500万元购买刘先生所有的一套房屋,看房和签订合同的时候,刘先生都表示房屋之前没人居住,更没有出过事。

张先生全家入住该房屋后,在和一位邻居聊天时偶然得知,刘先生的妻子在该房屋内上吊自杀身亡。经多方查证,消息属实。张先生能以此为由要求退房吗?

 案例分析

本案的焦点在于买房人是否有权撤销房屋买卖合同。根据《民法典》的规定，民事主体进行民事活动时应遵循诚实信用原则。本案中，虽然刘先生的妻子非正常死亡事件客观上并未对房屋的实际使用价值产生影响，但是会严重影响购房人的购房意愿，属于与订立合同有关的重要事实。

从我国善良风俗出发，按照诚实信用原则的要求，卖房人刘先生在缔约过程中应当如实向买房人张先生披露和告知这一重要事实。但是，刘先生却故意隐瞒上述重要信息，使买房人张先生在违背真实意思的情况下订立房屋买卖合同，构成欺诈。

依据《民法典》第一百四十八条的规定，受欺诈人张先生可以请求人民法院依法撤销该房屋的买卖合同，要求退房。

关联法条

《中华人民共和国民法典》

第七条 民事主体从事民事活动，应当遵循诚信原则，秉持诚实，恪守承诺。

第一百四十八条 一方以欺诈手段，使对方在违背真实意思的情况下实施的民事法律行为，受欺诈方有权请求人民法院或者仲裁机构予以撤销。

法条释义

以上条文是《民法典》关于诚实信用原则和以欺诈手段实施的民事法律行为效力的规定。

诚实要求当事人在民事活动中要真诚真实、表里如一、不弄虚作假、不坑蒙拐骗；信用要求当事人在民事活动中说到做到、信守承诺、不出尔反尔。

欺诈是违反诚实信用原则的典型行为。所谓欺诈，是指当事人一方故意编造虚假情况或者隐瞒真实

情况，使对方陷入错误认识，而作出违背其真意的意思表示。欺诈需具备以下条件：

（1）欺诈人实施了欺诈行为，即隐匿、歪曲真实事实或者捏造虚假事实。

（2）欺诈人具有欺诈的故意，即欺诈人明知自己的欺诈行为会使被欺诈人陷入错误认识，并希望或放任这种结果的发生。

（3）被欺诈人因欺诈而陷入错误，即被欺诈人原本没有错误但因欺诈而陷入错误，或者被欺诈人原本已有错误但因欺诈而陷入更大的错误。

（4）被欺诈人因陷入错误而作出了违背真意的意思表示，即欺诈行为与被欺诈人的不真实的意思表示之间存在因果关系。

依据《民法典》第一百四十八条的规定，行为人的行为构成欺诈，受欺诈方可以请求人民法院或者仲裁机构予以撤销，使该行为自始无效。

这样的私了协议符合法律规定吗？

生活小案例

2021年8月6日，聋哑人李某在他人带领下到某施工现场从事建房工作，张某负责运送沙子。在卸沙过程中，由于沙子挤压墙体，致墙体倒塌砸伤在墙后干活的李某。李某受伤后被送往医院救治，住院治疗60天。李某在住院期间，与张某达成协议，协议约定："张某承担李某的住院医疗费用至出院结束，李某承诺不再追究张某的任何法律责任。"出院后，经鉴定李某伤情构成十级伤残，后续医疗费用还需3万元。经与张某协商未果，李某诉至法院，请求判决撤销之前协议中免除张某后续赔偿责任部分。李某的请求能得到法院的支持吗？

案例分析

本案的关键点在于李某对私了协议的内容及其后果是否存在重大误解。根据《民法典》第一百四十七条的规定，因重大误解订立的合同，当事人有权请求人民法院或者仲裁机构予以撤销。本案中，作为受害人的李某系聋哑人，在与侵权人张某签订私了协议时，无法准确认知协议内容，且尚未治疗完毕，其对自身伤情和后续可能产生的费用缺乏判断力。李某出院后经鉴定构成十级伤残，并需要后续治疗费用3万元，也足以说明其对损害后果存在重大误解，直接影响到其向侵权人张某主张损害赔偿的权利。所以，李某主张撤销协议相关内容，于法有据，法院应当支持李某的诉讼请求。

《中华人民共和国民法典》

第一百四十七条 基于重大误解实施的民事法律行为，行为人有权请求人民法院或者仲裁机构予以撤销。

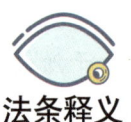

以上条文是《民法典》关于基于重大误解实施的民事法律行为的效力的规定。

所谓重大误解，是指行为人因自己或者他人的过失陷入重大错误而实施的意思表示。例如，误将真皮大衣当作仿真皮大衣出售，误把张三当作李四而签订委托合同。重大误解既包括表意人主动发出意思表示时的错误，也包括相对人受领他人意思表示时的理解错误，但不包括受欺诈或不正当影响造成的错误。一般认为，重大误解应当具备以下条件：

（1）须有意思表示且意思与表示不一致。

（2）表意人须有不符合事实的认识错误。

（3）表意人须无使表示与意思不一致之故意。

（4）错误与意思表示之间须具有因果关系。

（5）错误须在交易上被认为重大。在实务中，行为人因对行为的性质、对方当事人、标的物的品种、质量、规格和数量等的错误认识，使行为的后果与自己的意思相悖，并造成较大损失的，可以认定为重大误解。

关于重大误解的效力，《民法典》第一百四十七条规定："基于重大误解实施的民事法律行为，行为人有权请求人民法院或者仲裁机构予以撤销。"据此规定，重大误解的行为属于可撤销的民事法律行为。

需要注意的是，重大误解的规定主要适用于合同领域，并不是所有的民事活动中都存在重大误解的可能，如婚姻、遗嘱、继承、收养、保险合同、劳动合同等一般都不适用重大误解的规定。

想要撤销离职协议，行使撤销权的期限是多久呢？

> 我对离职协议存在重大误解，要求撤销。

生活小案例

邓某的劳动合同即将到期，公司决定不再续签。其后，双方签了一份离职协议。该协议就邓某的离职日期、加班费及经济补偿金等作出约定。邓某签字同意。

但是在履行协议时，邓某发现自己领到的经济补偿金比法定标准少6000元，遂以自己对该离职协议存在重大误解为由，向法院申请撤销离职协议。那么，邓某行使撤销权的期限为多久呢？

案例分析

本案是典型的离职补偿纠纷案例。根据2021年《劳动争议司法解释（一）》第三十五条的规定，双方就解除或者终止劳动合同办理相关手续、支付工资报酬、加班费、经济补偿或赔偿金等达成的协议，存在重大误解或显失公平情形，当事人请求撤销的，法院应当予以支持。

所以，如果劳动者认为自己对离职协议的内容存在重大误解，可以在知悉该情形后九十日内行使撤销权，过期将无法撤销。但是需要指出的是，离职协议约定的经济补偿金少于法定标准的情形，并不构成法律上所说的"重大误解"。所以，邓某即使在九十日内申请撤销，也难以获得支持。

关联法条

《中华人民共和国民法典》

第一百五十二条　有下列情形之一的，撤销权消灭：

（一）当事人自知道或者应当知道撤销事由之日起一年内、重大误解的当事人自知道或者应当知道撤销事由之日起九十日内没有行使撤销权；

（二）当事人受胁迫，自胁迫行为终止之日起一年内没有行使撤销权；

（三）当事人知道撤销事由后明确表示或者以自己的行为表明放弃撤销权。

当事人自民事法律行为发生之日起五年内没有行使撤销权的，撤销权消灭。

《最高人民法院关于审理劳动争议案件适用法律若干问题的解释（三）》

第十条 劳动者与用人单位就解除或者终止劳动合同办理相关手续、支付工资报酬、加班费、经济补偿或者赔偿金等达成的协议，不违反法律、行政法规的强制性规定，且不存在欺诈、胁迫或者乘人之危情形的，应当认定有效。

前款协议存在重大误解或者显失公平情形，当事人请求撤销的，人民法院应予支持。

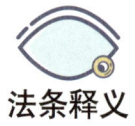

法条释义

以上条文是《民法典》《最高人民法院关于审理劳动争议案件适用法律若干问题的解释（三）》关于撤销权消灭的规定。

《民法典》从第一百四十七条到第一百五十一条规定了几种可以撤销的情形，本条是对应的撤销权消灭的情形。

（1）根据《民法典》第五百四十一条规定，撤销权自债权人知道或者应当知道撤销事由之日起一年内行使。也就是说，撤销权的除斥期间是一年。但是如果基于重大误解而产生的撤销权除斥期间是九十日。也就是说，九十日内没有行使撤销权，权利便消灭。

（2）当事人受胁迫时的撤销权要在胁迫行为终止之日起一年内实施，一年以后撤销权消灭。起算点为胁迫行为终止之日，避免了因持续性胁迫致撤销权也因期间已过而消灭的不当结果。

（3）撤销权的放弃可以是明示放弃，也可以是默示放弃。默示是从撤销权人的行为中推断出放弃撤销权的意思,这里的行为应当是积极的作为,不包括沉默,并且行为是发生在撤销权人知道撤销事由之后。

劳动合同的解除分为协商解除、法定解除和约定解除三种,无论哪一种解除方法,都要依法解除劳动合同,它是维护劳动合同双方当事人正当权益的重要保证。

如果离职协议存在重大误解或者显失公平的情形,当事人请求撤销的,人民法院应予以支持。但是,重大误解是因误解所实施的民事法律行为已经或者将会给自己造成较大损失,直接影响自身权利和义务的情况。

而案例中的经济补偿金较低的情况,不能构成重大误解。当然,这种情况肯定也是对于劳动者不公平的情形,可以向法院请求,按照法定标准补偿数额。

劳动者认为自己对离职协议的内容存在重大误解,可以在知悉该情形后九十日内行使撤销权,过期将无法撤销。

离职员工以公司的名义"杀熟",签订的合同谁来履行?

生活小案例

甲公司经常派业务员小孙与乙公司订立合同。后来,小孙因收取回扣被公司除名。被开除的小孙又持盖有甲公司公章的空白合同书与尚不知其已被除名的乙公司订立了一份合同,并按照通常做法提走货款,然后逃匿。对此甲公司并不知情。乙公司要求甲公司履行合同,但甲公司认为该合同与己无关,予以拒绝。甲公司的主张成立吗?

 案例分析

本案的焦点在于员工小孙的行为是否构成表见代理。业务员小孙经常代表甲公司与乙公司签订合同的行为，属于职务代理，其签订合同的法律后果由甲公司承担。小孙被甲公司除名后，其基于职务授权而生的委托代理权也随之消灭。如果小孙继续以甲公司的名义对外签订合同，则属于无权代理。

本案中，小孙被除名后还持有盖有甲公司公章的合同书，足以使乙公司相信小孙仍有代理权；乙公司不知小孙"已被除名"，表明其为善意；"甲公司经常派业务员小孙与乙公司订立合同"并且小孙"按照通常做法"提走货款，表明乙公司无过失。

综上所述，小孙的行为构成表见代理，乙公司有权主张该合同有效并要求甲公司履行。因此，甲公司的主张不成立。

 关联法条

《中华人民共和国民法典》

第一百七十一条　行为人没有代理权、超越代理权或者代理权终止后，仍然实施代理行为，未经被代理人追认的，对被代理人不发生效力。

相对人可以催告被代理人自收到通知之日起三十日内予以追认。被代理人未作表示的，视为拒绝追认。行为人实施的行为被追认前，善意相对人有撤销的权利。撤销应当以通知的方式作出。

行为人实施的行为未被追认的，善意相对人有权请求行为人履行债务或者就其受到的损害请求行为人赔偿。但是，赔偿的范围不得超过被代理人追认时相对人

所能获得的利益。

相对人知道或者应当知道行为人无权代理的，相对人和行为人按照各自的过错承担责任。

第一百七十二条 行为人没有代理权、超越代理权或者代理权终止后，仍然实施代理行为，相对人有理由相信行为人有代理权的，代理行为有效。

法条释义

以上条文是《民法典》关于无权代理和表见代理的规定。

代理权是代理人以被代理人的名义对外实施代理行为的基础和前提。行为人没有代理权而以被代理人的名义实施的行为，则构成无权代理。从《民法典》的规定来看，无权代理有广义和狭义之分，广义的无权代理包括狭义的无权代理和表见代理。《民法典》第一百七十一条规定的无权代理就是狭义的无权代理。

所谓狭义的无权代理，是指行为人没有代理权、超越代理权或者代理权终止后，对外仍然以被代理人的名义实施的代理。无权代理不是真正的代理，因此，无权代理行为是否有效，取决于被代理人和相对人的意思：

（1）被代理人事后追认的，发生与有权代理相同的法律效果，即由被代理人承受该无权代理行为所发生的一切后果。

（2）被代理人拒绝追认或善意相对人在被代理人追认之前撤销该无权代理行为的，不发生有权代理的法律后果。此时，善意相对人有权请求行为人履行债务或者就其受到的损害请求行为人赔偿。所谓善意，是指相对人在实施民事法律行为时不知道或者不应该知道行为人为无权代理。

所谓表见代理，是指行为人的代理行为没有代理权，但相对人有理由相信行为人有代理权，法律规定被代理人对相对人应负授权责任的无权代理。表见代理应具备四个条件：

（1）行为人是无权代理，即行为人没有代理权、超越代理权或者代理权终止后实施了代理行为。

（2）有使相对人相信行为人具有代理权的合理理由。在实践中，通常表现为行为人持有被代理人的介绍信、盖有公章的空白合同书、印章、授权委托书或者其他表明其具有代理权的证明文件等。但是，行为人盗用、伪造被代理人的公章、合同书、授权委托书等，以被代理人的名义实施代理行为的，一般不认定为表见代理。

（3）行为人与相对人实施了民事法律行为，如订立合同。

（4）相对人是善意的且无过失。所谓善意，是指相对人不知道或者不应当知道行为人实际上无代理权。所谓无过失，是指相对人尽到了交易上合理的注意义务，行为人无代理权的事实并非因其疏忽大意或者懈怠造成。符合构成要件的表见代理产生与有权代理相同的法律效力，即行为人代理行为的法律效果由被代理人承担。如果被代理人因承受表见代理的法律后果而受到损失，有权向行为人主张损害赔偿责任。但需要注意的是，表见代理实质上也是无权代理。因此，善意相对人享有选择权：既可以主张表见代理，要求被代理人承担责任；也可以主张无权代理，通过撤销权的行使，要求无权代理人承担责任。至于如何选择，是相对人的意思自治范畴，被代理人或无权代理人不得主动选择。

为避免表见代理的发生而给自己造成不利后果，我们一定要采取措施避免给他人造成有代理权的"权利外观"。例如，对于高管、业务销售等特殊岗位，员工一旦离职，单位应当及时与其负责的客户沟通，并告知相关事项。

微信中"互骂"要承担哪些法律责任?

推卸赡养责任。

生活小案例

张奶奶丧偶,她的两个儿子张大和张二签订了明确的赡养母亲协议,约定由张二负责母亲的生养死葬,母亲的财产将来也由张二继承。但是时间长了,张二的女儿小平不乐意照顾奶奶,经常发牢骚。一天上午,小平在村委会建立的微信群中明里暗里表示张大一家推卸赡养责任,甚至出言不逊。张大的妻子陈某非常反感,立即回击,导致相互辱骂。最后,张大也参与了进来。

在群内其他人几次劝解后,双方才停止。微信群里的成员目睹了双方的"骂战",两家人造成了十分不良的影响。"骂战"后不久,张大一家诉至法院,要求小平赔礼道歉、消除影响、恢复名誉并赔偿精神损害抚慰金。审理中,小平又提起反诉。那么,微信群中的"骂战"要承担哪些法律责任呢?

 案例分析

这是一起典型的网络平台侵权案例。自然人在网络空间开展社交活动时，同样需要遵守法律法规。

《民法典》规定，承担民事责任的方式主要有停止侵害、返还财产、赔偿损失、支付违约金、消除影响、恢复名誉以及赔礼道歉等。

微信群也是公共场所，在村民微信群里发表辱骂言论与在村里骂街的行为性质和结果是一样的。在证据保存上来说，它比在马路上公开骂街更好取证，只要将聊天记录展示出来，就是完整明确的证据，连旁证都不用找了。

本案中，小平不尊敬长辈，首先在微信群内使用侮辱、诽谤言语，引发矛盾，且不当言语比张大一家多，存在主要过错，应承担赔礼道歉、消除影响、赔偿精神损失等民事侵权责任。

张大作为小平的伯父，在妻子陈某遭到侄女的言语侮辱后，没有起到长辈的表率作用，不能自我克制、劝阻双方，而是参与"骂战"，不仅有损做长辈的自身形象，也给晚辈小平造成了一定的名誉权损害。

同理，陈某对侄女反击的行为不仅不利于平息矛盾，反而导致矛盾升级，也构成了对小平名誉权的侵害。张大夫妻也应承担一定的民事侵权责任。

最终，法院判决：小平和伯父张大一家在村委会办公楼公示栏内互相张贴致歉声明，同时小平赔偿张大一家精神损害抚慰金5000元，张大夫妻赔偿小平精神损害抚慰金2000元。

关联法条

《中华人民共和国民法典》

第一百七十九条 承担民事责任的方式主要有：
（一）停止侵害；
（二）排除妨碍；

（三）消除危险；

（四）返还财产；

（五）恢复原状；

（六）修理、重作、更换；

（七）继续履行；

（八）赔偿损失；

（九）支付违约金；

（十）消除影响、恢复名誉；

（十一）赔礼道歉。

法律规定惩罚性赔偿的，依照其规定。

本条规定的承担民事责任的方式，可以单独适用，也可以合并适用。

第一千零二十四条 民事主体享有名誉权。任何组织或者个人不得以侮辱、诽谤等方式侵害他人的名誉权。

法条释义

以上条文是《民法典》关于承担民事责任方式的规定。

承担民事责任方式是指行为人违反民事义务承担民事责任的具体形式。既是对权利人合法权益受到侵害时的补救方法，又是法院保护民事权利的具体方法和制裁不法行为的具体措施。也就是说，如果没有承担方式，那么民事责任的立法也就没有了存在的必要性。《民法典》中增加了"法律规定惩罚性赔偿的，依照其规定"，这是法律在逐渐发展完善的体现。

随着社会的发展，需要承担民事责任的范围在不断扩大。例如，随着网络技术的迅速发展，网络上的不当行为也在蔓延，所以在此产生的侵害行为，也要依据法律予以惩罚。

名誉权是民事主体依法享有的维护自己名誉并排除他人侵害的权利,公民人格尊严受法律保护,禁止用侮辱、诽谤等方式损害公民的名誉。如果在微信群、朋友圈等网络空间里损毁他人名誉,构成侵权,同样要承担相应的法律责任。

见义勇为受重伤，应由谁"买单"？

生活小案例

某日中午，犯罪嫌疑人沈某蒙面闯进吴女士家中持刀抢劫。吴女士一边和沈某周旋，一边呼救。退伍军人陈先生在听到"有人抢劫"的呼救声后，急忙冲进吴女士家中，欲将歹徒沈某制服，解救吴女士。在打斗中，沈某用匕首将陈某刺成重伤。后歹徒沈某被赶来的民警抓获，陈某也被紧急送往医院。陈某就医治疗花去医疗费用10万余元。陈某住院治疗的费用，应该由谁来承担呢？

案例分析

本案涉及因见义勇为而使自己遭受损害的责任承担问题。本案中，陈某没有法定的义务和约定的义务，但为了保护他人民事权益而勇斗歹徒，其行为属于见义勇为。歹徒沈某将陈某刺成重伤的行为，既是犯罪行为也是侵权行为，既要承担刑事责任也要承担民事责任。根据《民法典》的规定，陈某住院治疗的费用应由侵权人（歹徒沈某）承担；如果侵权人（歹徒沈某）无力承担，陈某可以请求被救人吴女士予以适当补偿，被救人吴女士应当适当补偿。

关联法条

《中华人民共和国民法典》

第一百八十三条　因保护他人民事权益使自己受到损害的，由侵权人承担民事责任，受益人可以给予适当补偿。没有侵权人、侵权人逃逸或者无力承担民事责任，受害人请求补偿的，受益人应当给予适当补偿。

法条释义

本条是《民法典》关于因见义勇为而使自己受到损害的民事责任承担与补偿办法的规定。本条的规定，有利于鼓励人们实施见义勇为行为，发扬中华民族扶危济困的优良传统风尚，弘扬社会主义核心价值观，让"英雄流血不流泪"。

适用本条规定，需要具备三个要件：

（1）受害人的行为必须针对正在发生或者将要发生的侵害行为或者危险，如小偷正在扒窃他人财物、他人落水呼救等。

（2）受害人实施见义勇为行为是为了保护他人民

事权益。这里的"他人"不仅指个人,还包括国家、集体。

(3)受害人因见义勇为而受到损害。这里的"损害"包括财产损害和人身损害。

因见义勇为而使行为人受到损害的,分三种情况承担责任:

(1)如果损害是他人的侵权行为造成的,由侵权人承担侵权责任。侵权人逃逸或者无力承担侵权责任的,由受益人适当补偿。

(2)如果他人的侵权行为仅是造成损害的部分原因,侵权人承担相应部分的侵权责任,其余部分损害由受益人适当补偿。

(3)非因他人的侵权行为而造成损害的,由受益人适当补偿。

由此可见,只有受害人不能向侵权人请求损害赔偿时,才能要求受益人在受益范围内进行适当补偿,受益人也必须予以适当补偿,这是其法定责任。

对于"适当补偿"的范围,法律并未作出明确规定。在司法实践中,主要考虑受害人与受益人的经济状况、受益人的受益范围、受害人遭受损害的大小等因素进行综合判断。

紧急救助病人时造成伤害，该不该承担赔偿责任？

生活小案例

星期天，刘某在超市购物时看见八旬老人张某突然昏厥倒地，情况十分危急。刘某立即对张某实施心肺复苏，张某后经送医治疗得以康复。

但让刘某没有想到的是，他在实施心肺复苏时，导致张某两根肋骨被压断，张某出院后将他告上法庭，要求他赔偿3万元的医疗费。刘某应该承担赔偿责任吗？

 案例分析

本案涉及自愿紧急救助造成他人损害责任承担问题。本案中，老人张某昏厥倒地，生命安全处于极度危险的境地。为了张某的生命安全，刘某在既无法定义务也无约定义务的情况下为张某实施心肺复苏，其行为属于"自愿紧急救助行为"。

虽然刘某在实施心肺复苏中造成张某两根肋骨被压断，但是依据《民法典》的规定，因自愿实施紧急救助行为造成受助人损害的，救助人不承担民事责任。因此，刘某不承担损害赔偿责任。

关联法条

《中华人民共和国民法典》

第一百八十四条　因自愿实施紧急救助行为造成受助人损害的，救助人不承担民事责任。

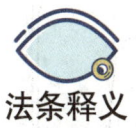
法条释义

本条是《民法典》关于自愿紧急救助造成他人损害免除责任的规定。

自愿紧急救助造成他人损害的责任豁免，是指救助人没有法定义务和约定义务，为避免受助人遭受损害而在紧急情形下实施的救助行为，即便造成受助人损害，救助人也无须承担民事责任。该条确定了自愿紧急救助行为可以作为免责事由，鼓励见义勇为、好人好事，被称为中国版的"好人法"。适用本条，应具备三个条件：

（1）救助人必须是在紧急情况下实施了救助行为。"紧急情况"的判断标准不能一概而论，在部分情

况下,应以行为人的认知能力及判断能力为标准。

(2)救助人必须是自愿实施救助行为。所谓"自愿",是指救助人既无法定的义务,也无约定的义务。

(3)救助人实施救助行为的目的必须是避免受助人遭受损害。

救助人自愿实施紧急救助行为造成受助人损害的,救助人不承担民事责任。但是,这并不意味着救助人在救助过程中对受助人造成的一切损害均不承担民事责任,如果救助人在救助过程中故意导致受助人损害,应当承担侵权责任。

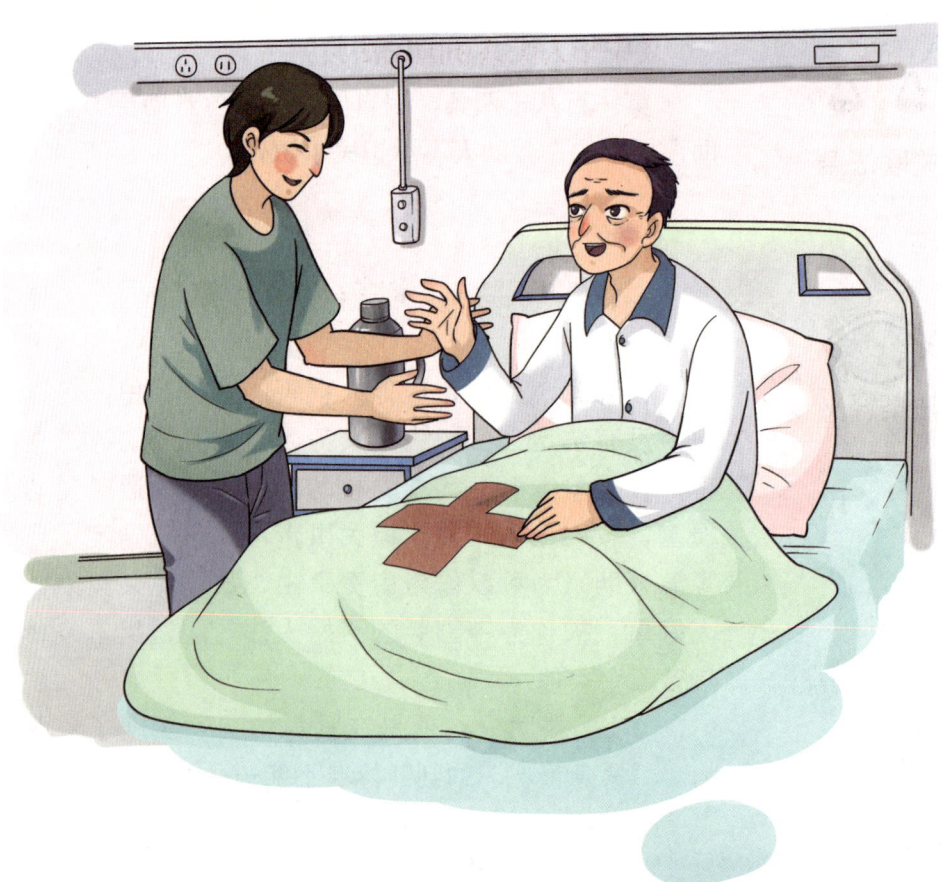

收回未办理过户登记的房子，要承担责任吗？

生活小案例

余某将自己所有的房屋卖给了廖某，双方签订了合法的房产交易协议书。廖某交付全部房款后，余某从房屋中搬出，廖某搬入该房屋，一直居住。但是双方一直没有办理房产过户手续。

四年后，由于房价疯涨，余某后悔卖房了，想把房子要回来再高价卖出。于是，余某以被告廖某一直不办理过户手续为由，请求法院判决房产交易协议书无效，将房屋还给自己。

被告廖某主张判令房产交易协议书有效，并认为余某的举动是为了再次高价出售房屋，侵害了自己的权益，余某需承担侵权责任，赔偿自己损失费5万元。那么，法院会支持谁呢？

 案例分析

本案的焦点在于未办产权过户登记，房产交易协议书是否有效。《中华人民共和国城市房地产管理法》中只规定了未依法登记领取权属证书的不动产不得转让，没有表明没有办理产权过户登记的不动产买卖合同无效。所以，余某不能以本法条为理由来主张廖某将房屋返还。

虽然过户登记手续是所有权交付完成的体现方式，但是余某和廖某签订合法的房产交易协议书行为在先，而且廖某已经支付全款并在涉案房屋内居住四年，事实清楚。《民法典》规定：未办理物权登记的，不影响合同效力。因为产权过户登记只是标志房屋产权的转移，没有办理产权过户登记并不能说明房屋买卖合同无效。所以法院判定：房产交易协议书有效，余某应当协助廖某尽快完成产权过户登记。

而余某在看到房价疯涨的时候，觉得当年房屋价格卖低了，想收回再次售卖以牟取更多利益，主观思想恶劣，侵犯了廖某的财产权利。所以关于廖某所诉求的侵权主张，法院依据事实，根据侵权责任编的内容处理廖某的诉求。

 关联法条

《中华人民共和国民法典》

第一百八十六条 因当事人一方的违约行为，损害对方人身权益、财产权益的，受损害方有权选择请求其承担违约责任或者侵权责任。

第二百零八条 不动产物权的设立、变更、转让和消灭，应当依照法律规定登记。动产物权的设立和转让，应当依照法律规定交付。

第二百一十五条 当事人之间订立有关设立、变更、转让和消灭不动产物权的合同，除法律另有规定或者当事人另有约定外，自合同成立时生效；未办理物权登记

的，不影响合同效力。

《中华人民共和国城市房地产管理法》

第三十八条 下列房地产，不得转让：

（一）以出让方式取得土地使用权的，不符合本法第三十九条规定的条件的；

（二）司法机关和行政机关依法裁定、决定查封或者以其他形式限制房地产权利的；

（三）依法收回土地使用权的；

（四）共有房地产，未经其他共有人书面同意的；

（五）权属有争议的；

（六）未依法登记领取权属证书的；

（七）法律、行政法规规定禁止转让的其他情形。

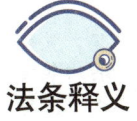

法条释义

以上条文是《民法典》《中华人民共和国城市房地产管理法》关于违约行为和不动产登记的规定。

如果当事人存在违约行为，侵害了对方的人身权益或者财产权益，那么当事人既有侵权责任也有违约责任，这就产生了竞合。如果对方选择以侵权责任纠纷为案由进行起诉，则应当适用侵权责任编的规定；如果选择按照违约为案由进行起诉，则应当适用合同编的规定。因为如果适用双重违约标准来判决，对违约方来讲显失公平；从受损害方说，受损害方获得双重补偿，又构成受损害方不当得利，也不合理。

因此，根据公平原则，受损害方只能行使一种请求权。如果行使请求权得到实现，另一种请求权即告消灭；如果行使的请求权未果，而另一种请求权并没有因为时效而消灭,则受损害方依然可以行使另一种请求权。

不动产属于物权范畴。根据物权公示原则,如果不动产的权利主体发生了变动,应当及时到相关部门进行变更登记,这时物权变动才算完成,否则不能产生物权变动的效力。但是,如果签订了合法合同,自合同成立时,物权的设立、变更、转让及消灭行为生效;没有办理物权登记也不影响合同效力。

我国制定了《中华人民共和国城市房地产管理法》,该法由总则、房地产开发用地、房地产开发、房地产交易、房地产权属登记管理、法律责任和附则七章组成,为加强对城市房地产的管理,维护房地产市场秩序,保障房地产权利人的合法权益,促进房地产业的健康发展,作出规范。我国城市规划区国有土地范围内取得房地产开发用地的土地使用权,从事房地产开发、房地产交易,实施房地产管理,都应当遵守该法。

余某在看到房价疯涨的时候,觉得当年房屋价格卖低了,想收回再次售卖以牟取更多利益,主观思想恶劣,侵犯了廖某的财产权利。所以法院判定:房屋买卖合同有效,房屋归廖某所有。

未成年人遭受性侵害，成年后还能提起诉讼吗？

生活小案例

十五岁女孩玲玲考入当地重点中学。自上高中开始，班主任李某就以谈心、补课等名义将其叫到宿舍实施猥亵、性侵。在李某的威胁、恐吓下，玲玲一直不敢揭露李某的罪行。

四年后，在高中同学聚会中玲玲得知，李某还对班上多名女生实施过猥亵、性侵行为。于是，玲玲和其他受害人决定向人民法院提起诉讼，要求李某予以损害赔偿，可以吗？

 **案例分析**

本案涉及受性侵未成年人赔偿请求权的诉讼时效问题。依据《民法典》的规定，向人民法院请求保护民事权利的诉讼时效为三年，自权利人知道或者应当知道权利受到损害以及义务人之日起计算。但是，未成年人遭受性侵害的损害赔偿请求权的诉讼时效期间，自受害人年满十八周岁之日起计算。

本案中，玲玲因李某性侵害而请求损害赔偿请求权的诉讼时效期间，应从其年满十八周岁开始计算三年。因此，玲玲等人的赔偿请求权的诉讼时效期间尚未届满，有权向人民法院提起诉讼。

 **关联法条**

《中华人民共和国民法典》

第一百八十八条　向人民法院请求保护民事权利的诉讼时效期间为三年。法律另有规定的，依照其规定。

诉讼时效期间自权利人知道或者应当知道权利受到损害以及义务人之日起计算。法律另有规定的，依照其规定。但是，自权利受到损害之日起超过二十年的，人民法院不予保护，有特殊情况的，人民法院可以根据权利人的申请决定延长。

第一百九十一条　未成年人遭受性侵害的损害赔偿请求权的诉讼时效期间，自受害人年满十八周岁之日起计算。

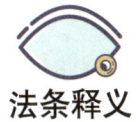

法条释义

以上条文是《民法典》关于诉讼时效期间、受性侵未成年人赔偿请求权诉讼时效的特殊起算点的规定。

诉讼时效,是指权利人在法定期间内不行使权利即导致义务人享有拒绝履行义务的抗辩权,从而导致权利人无法胜诉的法律制度。诉讼时效期间,是指权利人向人民法院请求保护其民事权利的法定期间。除法律另有规定外,普遍适用于各种民事法律关系的诉讼时效期间为三年,自权利受到损害之日起超过二十年的,人民法院不予保护。

诉讼时效期间自权利人知道或者应当知道权利受到损害以及义务人之日起计算。对于以下几种特殊情形,应依据其规定计算:

(1)当事人约定同一债务分期履行的,诉讼时效期间自最后一期履行期限届满之日起计算。

(2)未成年人遭受性侵害的损害赔偿请求权的诉讼时效期间,自受害人年满十八周岁之日起计算。

(3)人身损害赔偿的诉讼时效期间,伤害明显的,从受伤害之日起算;伤害当时未曾发现,后经检查确诊并能证明是由侵害引起的,从伤势确诊之日起算。

(4)未约定履行期限的合同,依法可以确定履行期限的,诉讼时效期间从履行期限届满之日起计算;不能确定履行期限的,诉讼时效期间从债权人要求债务人履行义务的宽限期届满之日起计算,但债务人在债权人第一次向其主张权利之时明确表示不履行义务的,诉讼时效期间从债务人明确表示不履行义务之日起计算。

诉讼时效期间届满后,将会产生以下法律后果:

(1)义务人取得拒绝履行的抗辩权。如果义务人行使该抗辩权,人民法院不得强制义务人履行该义务。如果义务人同意履行的,视为其抛弃抗辩权,该履行行为有效；义务人已自愿履行的，不得请求返还。

（2）权利人仍享有起诉权。当事人超过诉讼时效期间起诉的，人民法院应予受理。受理后对方当事人提出诉讼时效抗辩，人民法院经审理认为抗辩事由成立的，判决驳回原告的诉讼请求。

超过还款期限三年的借款,借款人还需要偿还吗?

生活小案例

李某购买新车时向好友赵某借了10万元,约定1年后还款。1年后,李某只还了5万元,仍有5万元一直没有偿还。赵某每年1月和6月都会对李某提出还款的请求,但李某都未还款。

3年后,当赵某再次请求李某还款时,李某认为赵某返还借款请求权的诉讼时效已经届满,无权再请求其还款。李某的主张能否成立?

 **案例分析**

本案的关键点在于 5 万元的债权请求权诉讼时效期间是否届满，涉及诉讼时效的中断问题。依据《民法典》的规定，赵某请求李某返还借款请求权的诉讼时效期间应该从约定的还款期限届满之日起计算 3 年。如果赵某在 3 年之后请求李某返还借款，诉讼时效期间已经届满，李某有权予以拒绝，其主张成立。

本案中，虽然赵某对李某返还借款请求权已经过了 3 年，但因赵某每年 1 月和 6 月都会对李某提出还款的请求，该请求导致其请求权诉讼时效的中断，诉讼时效自赵某提出请求之日起重新起算。

因此，赵某请求李某返还借款请求权的诉讼时效并没有届满，赵某仍有权请求李某清偿剩余的 5 万元借款，李某的主张不能成立。

 **关联法条**

《中华人民共和国民法典》

第一百九十五条　有下列情形之一的，诉讼时效中断，从中断、有关程序终结时起，诉讼时效期间重新计算：

（一）权利人向义务人提出履行请求；

（二）义务人同意履行义务；

（三）权利人提起诉讼或者申请仲裁；

（四）与提起诉讼或者申请仲裁具有同等效力的其他情形。

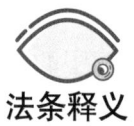
法条释义

本条是《民法典》关于诉讼时效中断的规定。

诉讼时效的中断,是指在诉讼时效进行中,因法定事由的发生使已经进行的期间全部归于无效,诉讼时效期间重新计算。根据《民法典》和相关司法解释的规定,诉讼时效中断的事由有:

(1)权利人向义务人提出履行请求。例如,当事人一方直接向对方当事人送交主张权利文书,对方当事人在文书上签字、盖章或者虽未签字、盖章但能够以其他方式证明该文书到达对方当事人的;当事人一方以发送信件或者数据电文方式主张权利,信件或者数据电文到达或者应当到达对方当事人的。

(2)义务人同意履行义务。例如,义务人作出分期履行、部分履行、提供担保、请求延期履行、制定清偿债务计划等承诺或者行为的。

(3)权利人提起诉讼或者申请仲裁。当事人一方向人民法院提交起诉状或者口头起诉的,诉讼时效从提交起诉状或者口头起诉之日起中断。

(4)与提起诉讼或者申请仲裁具有同等效力的其他情形。例如,权利人向公安机关、人民检察院、人民法院报案或者控告,请求保护其民事权利的,诉讼时效从其报案或者控告之日起中断。上述机关决定不立案、撤销案件、不起诉的,诉讼时效期间从权利人知道或者应当知道不立案、撤销案件或者不起诉之日起重新计算;刑事案件进入审理阶段,诉讼时效期间从刑事裁判文书生效之日起重新计算。

在实践中,哪怕义务人暂时无法履行自己的义务,作为权利人也一定要在诉讼时效期间内不间断地通过各种方式向义务人主张权利,从而引起诉讼时效的中断,避免诉讼时效期间届满的不利法律后果,以维护自己的合法权益。

附录：

中华人民共和国民法典·总则编

(2020年5月28日第十三届全国人民代表大会
第三次会议通过，自2021年1月1日起施行)

第一编 总 则

第一章 基本规定

第一条 为了保护民事主体的合法权益,调整民事关系,维护社会和经济秩序,适应中国特色社会主义发展要求,弘扬社会主义核心价值观,根据宪法,制定本法。

第二条 民法调整平等主体的自然人、法人和非法人组织之间的人身关系和财产关系。

第三条 民事主体的人身权利、财产权利以及其他合法权益受法律保护,任何组织或者个人不得侵犯。

第四条 民事主体在民事活动中的法律地位一律平等。

第五条 民事主体从事民事活动,应当遵循自愿原则,按照自己的意思设立、变更、终止民事法律关系。

第六条 民事主体从事民事活动,应当遵循公平原则,合理确定各方的权利和义务。

第七条 民事主体从事民事活动,应当遵循诚信原则,秉持诚实,恪守承诺。

第八条 民事主体从事民事活动,不得违反法律,不得违背公序良俗。

第九条 民事主体从事民事活动,应当有利于节约资源、保护生态环境。

第十条 处理民事纠纷,应当依照法律;法律没有规定的,可以适用习惯,但是不得违背公序良俗。

第十一条 其他法律对民事关系有特别规定的,依照其规定。

第十二条 中华人民共和国领域内的民事活动,适用中华人民共和国法律。法律另有规定的,依照其规定。

第二章 自然人

第一节 民事权利能力和民事行为能力

第十三条 自然人从出生时起到死亡时止,具有民事权利能力,依法享有民事权利,承担民事义务。

第十四条 自然人的民事权利能力一律平等。

第十五条 自然人的出生时间和死亡时间,以出生证明、死亡证明记载的时间为准;没有出生证明、死亡证明的,以户籍登记或者其他有效身份登记记载的时间为准。有其他证据足以推翻以上记载时间的,以该证据证明的时间为准。

第十六条 涉及遗产继承、接受赠与等胎儿利益保护的,胎儿视为具有民事权利能力。但是,胎儿娩出时为死体的,其民事权利能力自始不存在。

第十七条 十八周岁以上的自然人为成年人。不满十八周岁的自然人为未成年人。

第十八条 成年人为完全民事行为能力人,可以独立实施民事法律行为。

十六周岁以上的未成年人,以自己的劳动收入为主要生活来源的,视为完全民事行为能力人。

第十九条 八周岁以上的未成年人为限制民事行为能力人,实施民事法律行为由其法定代理人代理或者经其法定代理人同意、追认;但是,可以独立实施纯获利益的民事法律行为或者与其年龄、智力相适应的民事法律行为。

第二十条 不满八周岁的未成年人为无民事行为能力人,由其法定代理人代理实施民事法律行为。

第二十一条 不能辨认自己行为的成年人为无民事行为能力人,由其法定代理人代理实施民事法律行为。

八周岁以上的未成年人不能辨认自己行为的,适用前款规定。

第二十二条 不能完全辨认自己行为的成年人为限制民事行为能力人,实施民事法律行为由其法定代理人代理或者经其法定代理人同意、追认;但是,可以独立实施纯获利益的民事法律行为或者与其智力、精神健康状况相适应的民事法律行为。

第二十三条 无民事行为能力人、限制民事行为能力人的监护人是其法定代理人。

第二十四条 不能辨认或者不能完全辨认自己行为的成年人,其利害关系人或者有关组织,可以向人民法院申请认定该成年人为无民事行为能力人或者限制民事行为能力人。

被人民法院认定为无民事行为能力人或者限制民事行为能力人的,经本人、利害关系人或者有关组织申请,人民法院可以根据其智力、精神健康恢复的状况,认定该成年人恢复为限制民事行为能力人或者完全民事行为能力人。

本条规定的有关组织包括:居民委员会、村民委员会、学校、医疗机构、妇女联合会、残疾人联合会、依法设立的老年人组织、民政部门等。

第二十五条 自然人以户籍登记或者其他有效身份登记记载的居所为住所;经常居所与住所不一致的,经常居所视为住所。

第二节 监 护

第二十六条 父母对未成年子女负有抚养、教育和保护的义务。

成年子女对父母负有赡养、扶助和保护的义务。

第二十七条 父母是未成年子女的监护人。

未成年人的父母已经死亡或者没有监护能力的,由下列有监护能力的人按顺序担任监护人:

(一)祖父母、外祖父母;

(二)兄、姐;

(三)其他愿意担任监护人的个人或者组织,但是须经未成年人住所地的居民委员会、村民委员会或民政部门同意。

第二十八条 无民事行为能力或者限制民事行为能力的成年人,由下列有监护能力的人按顺序担任监护人:

（一）配偶；

（二）父母、子女；

（三）其他近亲属；

（四）其他愿意担任监护人的个人或者组织，但是须经被监护人住所地的居民委员会、村民委员会或者民政部门同意。

第二十九条 被监护人的父母担任监护人的，可以通过遗嘱指定监护人。

第三十条 依法具有监护资格的人之间可以协议确定监护人。协议确定监护人应当尊重被监护人的真实意愿。

第三十一条 对监护人的确定有争议的，由被监护人住所地的居民委员会、村民委员会或者民政部门指定监护人，有关当事人对指定不服的，可以向人民法院申请指定监护人；有关当事人也可以直接向人民法院申请指定监护人。

居民委员会、村民委员会、民政部门或者人民法院应当尊重被监护人的真实意愿，按照最有利于被监护人的原则在依法具有监护资格的人中指定监护人。

依据本条第一款规定指定监护人前，被监护人的人身权利、财产权利以及其他合法权益处于无人保护状态的，由被监护人住所地的居民委员会、村民委员会、法律规定的有关组织或者民政部门担任临时监护人。

监护人被指定后，不得擅自变更；擅自变更的，不免除被指定的监护人的责任。

第三十二条 没有依法具有监护资格的人的，监护人由民政部门担任，也可以由具备履行监护职责条件的被监护人住所地的居民委员会、村民委员会担任。

第三十三条 具有完全民事行为能力的成年人，可以与其近亲属、其他愿意担任监护人的个人或者组织事先协商，以书面形式确定自己的监护人，在自己丧失或者部分丧失民事行为能力时，由该监护人履行监护职责。

第三十四条 监护人的职责是代理被监护人实施民事法律行为，保护被监护人的人身权利、财产权利以及其他合法权益等。

监护人依法履行监护职责产生的权利，受法律保护。

监护人不履行监护职责或者侵害被监护人合法权益的，应当承担法律责任。

因发生突发事件等紧急情况，监护人暂时无法履行监护职责，被监护人的生活处于无人照料状态的，被监护人住所地的居民委员会、村民委员会或者民政部门应当为被监护人安排必要的临时生活照料措施。

第三十五条　监护人应当按照最有利于被监护人的原则履行监护职责。监护人除为维护被监护人利益外，不得处分被监护人的财产。

未成年人的监护人履行监护职责，在作出与被监护人利益有关的决定时，应当根据被监护人的年龄和智力状况，尊重被监护人的真实意愿。

成年人的监护人履行监护职责，应当最大程度地尊重被监护人的真实意愿，保障并协助被监护人实施与其智力、精神健康状况相适应的民事法律行为。对被监护人有能力独立处理的事务，监护人不得干涉。

第三十六条　监护人有下列情形之一的，人民法院根据有关个人或者组织的申请，撤销其监护人资格，安排必要的临时监护措施，并按照最有利于被监护人的原则依法指定监护人：

（一）实施严重损害被监护人身心健康的行为；

（二）怠于履行监护职责，或者无法履行监护职责且拒绝将监护职责部分或者全部委托给他人，导致被监护人处于危困状态；

（三）实施严重侵害被监护人合法权益的其他行为。

本条规定的有关个人、组织包括：其他依法具有监护资格的人，居民委员会、村民委员会、学校、医疗机构、妇女联合会、残疾人联合会、未成年人保护组织、依法设立的老年人组织、民政部门等。

前款规定的个人和民政部门以外的组织未及时向人民法院申请撤销监护人资格的，民政部门应当向人民法院申请。

第三十七条　依法负担被监护人抚养费、赡养费、扶养费的父母、子女、配偶等，被人民法院撤销监护人资格后，应当继续履行负担的义务。

第三十八条　被监护人的父母或者子女被人民法院撤销监护人资格后，除对被监护人实施故意犯罪的外，确有悔改表现的，经其申请，人民法院可以在尊重被监护人真实意愿的前提下，视情况恢复其监护人资格，人民法院指定的监护人与被监护人的监护关系同时终止。

第三十九条 有下列情形之一的，监护关系终止：

（一）被监护人取得或者恢复完全民事行为能力；

（二）监护人丧失监护能力；

（三）被监护人或者监护人死亡；

（四）人民法院认定监护关系终止的其他情形。

监护关系终止后，被监护人仍然需要监护的，应当依法另行确定监护人。

第三节 宣告失踪和宣告死亡

第四十条 自然人下落不明满二年的，利害关系人可以向人民法院申请宣告该自然人为失踪人。

第四十一条 自然人下落不明的时间自其失去音讯之日起计算。战争期间下落不明的，下落不明的时间自战争结束之日或者有关机关确定的下落不明之日起计算。

第四十二条 失踪人的财产由其配偶、成年子女、父母或者其他愿意担任财产代管人的人代管。

代管有争议，没有前款规定的人，或者前款规定的人无代管能力的，由人民法院指定的人代管。

第四十三条 财产代管人应当妥善管理失踪人的财产，维护其财产权益。

失踪人所欠税款、债务和应付的其他费用，由财产代管人从失踪人的财产中支付。

财产代管人因故意或者重大过失造成失踪人财产损失的，应当承担赔偿责任。

第四十四条 财产代管人不履行代管职责、侵害失踪人财产权益或者丧失代管能力的，失踪人的利害关系人可以向人民法院申请变更财产代管人。

财产代管人有正当理由的，可以向人民法院申请变更财产代管人。

人民法院变更财产代管人的，变更后的财产代管人有权请求原财产代管人及时移交有关财产并报告财产代管情况。

第四十五条 失踪人重新出现，经本人或者利害关系人申请，人民法院应当撤销失踪宣告。

失踪人重新出现，有权请求财产代管人及时移交有关财产并报告财产代管情况。

第四十六条 自然人有下列情形之一的，利害关系人可以向人民法院申请宣告该自然人死亡：

（一）下落不明满四年；

（二）因意外事件，下落不明满二年。

因意外事件下落不明，经有关机关证明该自然人不可能生存的，申请宣告死亡不受二年时间的限制。

第四十七条 对同一自然人，有的利害关系人申请宣告死亡，有的利害关系人申请宣告失踪，符合本法规定的宣告死亡条件的，人民法院应当宣告死亡。

第四十八条 被宣告死亡的人，人民法院宣告死亡的判决作出之日视为其死亡的日期；因意外事件下落不明宣告死亡的，意外事件发生之日视为其死亡的日期。

第四十九条 自然人被宣告死亡但是并未死亡的，不影响该自然人在被宣告死亡期间实施的民事法律行为的效力。

第五十条 被宣告死亡的人重新出现，经本人或者利害关系人申请，人民法院应当撤销死亡宣告。

第五十一条 被宣告死亡的人的婚姻关系，自死亡宣告之日起消除。死亡宣告被撤销的，婚姻关系自撤销死亡宣告之日起自行恢复。但是，其配偶再婚或者向婚姻登记机关书面声明不愿意恢复的除外。

第五十二条 被宣告死亡的人在被宣告死亡期间，其子女被他人依法收养的，在死亡宣告被撤销后，不得以未经本人同意为由主张收养行为无效。

第五十三条 被撤销死亡宣告的人有权请求依照本法第六编取得其财产的民事主体返还财产；无法返还的，应当给予适当补偿。

利害关系人隐瞒真实情况，致使他人被宣告死亡而取得其财产的，除应当返还财产外，还应当对由此造成的损失承担赔偿责任。

第四节 个体工商户和农村承包经营户

第五十四条 自然人从事工商业经营，经依法登记，为个体工商户。个体工商户可以起字号。

第五十五条 农村集体经济组织的成员，依法取得农村土地承包经营权，从事家庭承包经营的，为农村承包经营户。

第五十六条 个体工商户的债务，个人经营的，以个人财产承担；家庭经营的，以家庭财产承担；无法区分的，以家庭财产承担。

农村承包经营户的债务，以从事农村土地承包经营的农户财产承担；事实上由农户部分成员经营的，以该部分成员的财产承担。

第三章 法 人

第一节 一般规定

第五十七条 法人是具有民事权利能力和民事行为能力，依法独立享有民事权利和承担民事义务的组织。

第五十八条 法人应当依法成立。

法人应当有自己的名称、组织机构、住所、财产或者经费。法人成立的具体条件和程序，依照法律、行政法规的规定。

设立法人，法律、行政法规规定须经有关机关批准的，依照其规定。

第五十九条 法人的民事权利能力和民事行为能力，从法人成立时产生，到法人终止时消灭。

第六十条 法人以其全部财产独立承担民事责任。

第六十一条 依照法律或者法人章程的规定，代表法人从事民事活动的负责人，为法人的法定代表人。

法定代表人以法人名义从事的民事活动，其法律后果由法人承受。

法人章程或者法人权力机构对法定代表人代表权的限制，不得对抗善意相对人。

第六十二条 法定代表人因执行职务造成他人损害的,由法人承担民事责任。

法人承担民事责任后,依照法律或者法人章程的规定,可以向有过错的法定代表人追偿。

第六十三条 法人以其主要办事机构所在地为住所。依法需要办理法人登记的,应当将主要办事机构所在地登记为住所。

第六十四条 法人存续期间登记事项发生变化的,应当依法向登记机关申请变更登记。

第六十五条 法人的实际情况与登记的事项不一致的,不得对抗善意相对人。

第六十六条 登记机关应当依法及时公示法人登记的有关信息。

第六十七条 法人合并的,其权利和义务由合并后的法人享有和承担。

法人分立的,其权利和义务由分立后的法人享有连带债权,承担连带债务,但是债权人和债务人另有约定的除外。

第六十八条 有下列原因之一并依法完成清算、注销登记的,法人终止:

(一)法人解散;

(二)法人被宣告破产;

(三)法律规定的其他原因。

法人终止,法律、行政法规规定须经有关机关批准的,依照其规定。

第六十九条 有下列情形之一的,法人解散:

(一)法人章程规定的存续期间届满或者法人章程规定的其他解散事由出现;

(二)法人的权力机构决议解散;

(三)因法人合并或者分立需要解散;

(四)法人依法被吊销营业执照、登记证书,被责令关闭或者被撤销;

(五)法律规定的其他情形。

第七十条 法人解散的,除合并或者分立的情形外,清算义务人应当及时组成清算组进行清算。

法人的董事、理事等执行机构或者决策机构的成员为清算义务人。法律、行政法规另有规定的，依照其规定。

清算义务人未及时履行清算义务，造成损害的，应当承担民事责任；主管机关或者利害关系人可以申请人民法院指定有关人员组成清算组进行清算。

第七十一条　法人的清算程序和清算组职权，依照有关法律的规定；没有规定的，参照适用公司法律的有关规定。

第七十二条　清算期间法人存续，但是不得从事与清算无关的活动。

法人清算后的剩余财产，按照法人章程的规定或者法人权力机构的决议处理。法律另有规定的，依照其规定。

清算结束并完成法人注销登记时，法人终止；依法不需要办理法人登记的，清算结束时，法人终止。

第七十三条　法人被宣告破产的，依法进行破产清算并完成法人注销登记时，法人终止。

第七十四条　法人可以依法设立分支机构。法律、行政法规规定分支机构应当登记的，依照其规定。

分支机构以自己的名义从事民事活动，产生的民事责任由法人承担；也可以先以该分支机构管理的财产承担，不足以承担的，由法人承担。

第七十五条　设立人为设立法人从事的民事活动，其法律后果由法人承受；法人未成立的，其法律后果由设立人承受，设立人为二人以上的，享有连带债权，承担连带债务。

设立人为设立法人以自己的名义从事民事活动产生的民事责任，第三人有权选择请求法人或者设立人承担。

第二节　营利法人

第七十六条　以取得利润并分配给股东等出资人为目的成立的法人，为营利法人。

营利法人包括有限责任公司、股份有限公司和其他企业法人等。

第七十七条 营利法人经依法登记成立。

第七十八条 依法设立的营利法人,由登记机关发给营利法人营业执照。营业执照签发日期为营利法人的成立日期。

第七十九条 设立营利法人应当依法制定法人章程。

第八十条 营利法人应当设权力机构。

权力机构行使修改法人章程,选举或者更换执行机构、监督机构成员,以及法人章程规定的其他职权。

第八十一条 营利法人应当设执行机构。

执行机构行使召集权力机构会议,决定法人的经营计划和投资方案,决定法人内部管理机构的设置,以及法人章程规定的其他职权。

执行机构为董事会或者执行董事的,董事长、执行董事或者经理按照法人章程的规定担任法定代表人;未设董事会或者执行董事的,法人章程规定的主要负责人为其执行机构和法定代表人。

第八十二条 营利法人设监事会或者监事等监督机构的,监督机构依法行使检查法人财务,监督执行机构成员、高级管理人员执行法人职务的行为,以及法人章程规定的其他职权。

第八十三条 营利法人的出资人不得滥用出资人权利损害法人或者其他出资人的利益;滥用出资人权利造成法人或者其他出资人损失的,应当依法承担民事责任。

营利法人的出资人不得滥用法人独立地位和出资人有限责任损害法人债权人的利益;滥用法人独立地位和出资人有限责任,逃避债务,严重损害法人债权人的利益的,应当对法人债务承担连带责任。

第八十四条 营利法人的控股出资人、实际控制人、董事、监事、高级管理人员不得利用其关联关系损害法人的利益;利用关联关系造成法人损失的,应当承担赔偿责任。

第八十五条 营利法人的权力机构、执行机构作出决议的会议召集程序、表决方式违反法律、行政法规、法人章程,或者决议内容违反法人章程的,营利法人的出资人可以请求人民法院撤销该决议。但是，营利法人依据该决议与善意相对人形成的民事法律关系不受影响。

第八十六条 营利法人从事经营活动，应当遵守商业道德，维护交易安全，接受政府和社会的监督，承担社会责任。

第三节 非营利法人

第八十七条 为公益目的或者其他非营利目的成立，不向出资人、设立人或者会员分配所取得利润的法人，为非营利法人。

非营利法人包括事业单位、社会团体、基金会、社会服务机构等。

第八十八条 具备法人条件，为适应经济社会发展需要，提供公益服务设立的事业单位，经依法登记成立，取得事业单位法人资格；依法不需要办理法人登记的，从成立之日起，具有事业单位法人资格。

第八十九条 事业单位法人设理事会的，除法律另有规定外，理事会为其决策机构。事业单位法人的法定代表人依照法律、行政法规或者法人章程的规定产生。

第九十条 具备法人条件，基于会员共同意愿，为公益目的或者会员共同利益等非营利目的设立的社会团体，经依法登记成立，取得社会团体法人资格；依法不需要办理法人登记的，从成立之日起，具有社会团体法人资格。

第九十一条 设立社会团体法人应当依法制定法人章程。

社会团体法人应当设会员大会或者会员代表大会等权力机构。

社会团体法人应当设理事会等执行机构。理事长或者会长等负责人按照法人章程的规定担任法定代表人。

第九十二条 具备法人条件，为公益目的以捐助财产设立的基金会、社会服务机构等，经依法登记成立，取得捐助法人资格。

依法设立的宗教活动场所，具备法人条件的，可以申请法人登记，取得捐助法人资格。法律、行政法规对宗教活动场所有规定的，依照其规定。

第九十三条 设立捐助法人应当依法制定法人章程。

捐助法人应当设理事会、民主管理组织等决策机构,并设执行机构。理事长等负责人按照法人章程的规定担任法定代表人。

捐助法人应当设监事会等监督机构。

第九十四条 捐助人有权向捐助法人查询捐助财产的使用、管理情况,并提出意见和建议,捐助法人应当及时、如实答复。

捐助法人的决策机构、执行机构或者法定代表人作出决定的程序违反法律、行政法规、法人章程,或者决定内容违反法人章程的,捐助人等利害关系人或者主管机关可以请求人民法院撤销该决定。但是,捐助法人依据该决定与善意相对人形成的民事法律关系不受影响。

第九十五条 为公益目的成立的非营利法人终止时,不得向出资人、设立人或者会员分配剩余财产。剩余财产应当按照法人章程的规定或者权力机构的决议用于公益目的;无法按照法人章程的规定或者权力机构的决议处理的,由主管机关主持转给宗旨相同或者相近的法人,并向社会公告。

第四节　特别法人

第九十六条 本节规定的机关法人、农村集体经济组织法人、城镇农村的合作经济组织法人、基层群众性自治组织法人,为特别法人。

第九十七条 有独立经费的机关和承担行政职能的法定机构从成立之日起,具有机关法人资格,可以从事为履行职能所需要的民事活动。

第九十八条 机关法人被撤销的,法人终止,其民事权利和义务由继任的机关法人享有和承担;没有继任的机关法人的,由作出撤销决定的机关法人享有和承担。

第九十九条 农村集体经济组织依法取得法人资格。

法律、行政法规对农村集体经济组织有规定的,依照其规定。

第一百条 城镇农村的合作经济组织依法取得法人资格。

法律、行政法规对城镇农村的合作经济组织有规定的,依照其规定。

第一百零一条 居民委员会、村民委员会具有基层群众性自治组织法人资格,可以从事为履行职能所需要的民事活动。

未设立村集体经济组织的,村民委员会可以依法代行村集体经济组织的职能。

第四章　非法人组织

第一百零二条　非法人组织是不具有法人资格,但是能够依法以自己的名义从事民事活动的组织。

非法人组织包括个人独资企业、合伙企业、不具有法人资格的专业服务机构等。

第一百零三条　非法人组织应当依照法律的规定登记。

设立非法人组织,法律、行政法规规定须经有关机关批准的,依照其规定。

第一百零四条　非法人组织的财产不足以清偿债务的,其出资人或者设立人承担无限责任。法律另有规定的,依照其规定。

第一百零五条　非法人组织可以确定一人或者数人代表该组织从事民事活动。

第一百零六条　有下列情形之一的,非法人组织解散:

(一)章程规定的存续期间届满或者章程规定的其他解散事由出现;

(二)出资人或者设立人决定解散;

(三)法律规定的其他情形。

第一百零七条　非法人组织解散的,应当依法进行清算。

第一百零八条　非法人组织除适用本章规定外,参照适用本编第三章第一节的有关规定。

第五章　民事权利

第一百零九条　自然人的人身自由、人格尊严受法律保护。

第一百一十条　自然人享有生命权、身体权、健康权、姓名权、肖像权、名誉权、荣誉权、隐私权、婚姻自主权等权利。

法人、非法人组织享有名称权、名誉权和荣誉权。

第一百一十一条 自然人的个人信息受法律保护。任何组织或者个人需要获取他人个人信息的，应当依法取得并确保信息安全，不得非法收集、使用、加工、传输他人个人信息，不得非法买卖、提供或者公开他人个人信息。

第一百一十二条 自然人因婚姻家庭关系等产生的人身权利受法律保护。

第一百一十三条 民事主体的财产权利受法律平等保护。

第一百一十四条 民事主体依法享有物权。

物权是权利人依法对特定的物享有直接支配和排他的权利，包括所有权、用益物权和担保物权。

第一百一十五条 物包括不动产和动产。法律规定权利作为物权客体的，依照其规定。

第一百一十六条 物权的种类和内容，由法律规定。

第一百一十七条 为了公共利益的需要，依照法律规定的权限和程序征收、征用不动产或者动产的，应当给予公平、合理的补偿。

第一百一十八条 民事主体依法享有债权。

债权是因合同、侵权行为、无因管理、不当得利以及法律的其他规定，权利人请求特定义务人为或者不为一定行为的权利。

第一百一十九条 依法成立的合同，对当事人具有法律约束力。

第一百二十条 民事权益受到侵害的，被侵权人有权请求侵权人承担侵权责任。

第一百二十一条 没有法定的或者约定的义务，为避免他人利益受损失而进行管理的人，有权请求受益人偿还由此支出的必要费用。

第一百二十二条 因他人没有法律根据，取得不当利益，受损失的人有权请求其返还不当利益。

第一百二十三条 民事主体依法享有知识产权。

知识产权是权利人依法就下列客体享有的专有的权利：

（一）作品；

（二）发明、实用新型、外观设计；

（三）商标；

（四）地理标志；

（五）商业秘密；

（六）集成电路布图设计；

（七）植物新品种；

（八）法律规定的其他客体。

第一百二十四条 自然人依法享有继承权。

自然人合法的私有财产，可以依法继承。

第一百二十五条 民事主体依法享有股权和其他投资性权利。

第一百二十六条 民事主体享有法律规定的其他民事权利和利益。

第一百二十七条 法律对数据、网络虚拟财产的保护有规定的，依照其规定。

第一百二十八条 法律对未成年人、老年人、残疾人、妇女、消费者等的民事权利保护有特别规定的，依照其规定。

第一百二十九条 民事权利可以依据民事法律行为、事实行为、法律规定的事件或者法律规定的其他方式取得。

第一百三十条 民事主体按照自己的意愿依法行使民事权利，不受干涉。

第一百三十一条 民事主体行使权利时，应当履行法律规定的和当事人约定的义务。

第一百三十二条 民事主体不得滥用民事权利损害国家利益、社会公共利益或者他人合法权益。

第六章　民事法律行为

第一节　一般规定

第一百三十三条 民事法律行为是民事主体通过意思表示设立、变更、终止民事法律关系的行为。

第一百三十四条 民事法律行为可以基于双方或者多方的意思表示一致成

立，也可以基于单方的意思表示成立。

法人、非法人组织依照法律或者章程规定的议事方式和表决程序作出决议的，该决议行为成立。

第一百三十五条 民事法律行为可以采用书面形式、口头形式或者其他形式；法律、行政法规规定或者当事人约定采用特定形式的，应当采用特定形式。

第一百三十六条 民事法律行为自成立时生效，但是法律另有规定或者当事人另有约定的除外。

行为人非依法律规定或者未经对方同意，不得擅自变更或者解除民事法律行为。

第二节　意思表示

第一百三十七条 以对话方式作出的意思表示，相对人知道其内容时生效。

以非对话方式作出的意思表示，到达相对人时生效。以非对话方式作出的采用数据电文形式的意思表示，相对人指定特定系统接收数据电文的，该数据电文进入该特定系统时生效；未指定特定系统的，相对人知道或者应当知道该数据电文进入其系统时生效。当事人对采用数据电文形式的意思表示的生效时间另有约定的，按照其约定。

第一百三十八条 无相对人的意思表示，表示完成时生效。法律另有规定的，依照其规定。

第一百三十九条 以公告方式作出的意思表示，公告发布时生效。

第一百四十条 行为人可以明示或者默示作出意思表示。

沉默只有在有法律规定、当事人约定或者符合当事人之间的交易习惯时，才可以视为意思表示。

第一百四十一条 行为人可以撤回意思表示。撤回意思表示的通知应当在意思表示到达相对人前或者与意思表示同时到达相对人。

第一百四十二条 有相对人的意思表示的解释，应当按照所使用的词句，结合相关条款、行为的性质和目的、习惯以及诚信原则，确定意思表示的含义。

无相对人的意思表示的解释，不能完全拘泥于所使用的词句，而应当结合相关条款、行为的性质和目的、习惯以及诚信原则，确定行为人的真实意思。

第三节　民事法律行为的效力

第一百四十三条　具备下列条件的民事法律行为有效：

（一）行为人具有相应的民事行为能力；

（二）意思表示真实；

（三）不违反法律、行政法规的强制性规定，不违背公序良俗。

第一百四十四条　无民事行为能力人实施的民事法律行为无效。

第一百四十五条　限制民事行为能力人实施的纯获利益的民事法律行为或者与其年龄、智力、精神健康状况相适应的民事法律行为有效；实施的其他民事法律行为经法定代理人同意或者追认后有效。

相对人可以催告法定代理人自收到通知之日起三十日内予以追认。法定代理人未作表示的，视为拒绝追认。民事法律行为被追认前，善意相对人有撤销的权利。撤销应当以通知的方式作出。

第一百四十六条　行为人与相对人以虚假的意思表示实施的民事法律行为无效。

以虚假的意思表示隐藏的民事法律行为的效力，依照有关法律规定处理。

第一百四十七条　基于重大误解实施的民事法律行为，行为人有权请求人民法院或者仲裁机构予以撤销。

第一百四十八条　一方以欺诈手段，使对方在违背真实意思的情况下实施的民事法律行为，受欺诈方有权请求人民法院或者仲裁机构予以撤销。

第一百四十九条　第三人实施欺诈行为，使一方在违背真实意思的情况下实施的民事法律行为，对方知道或者应当知道该欺诈行为的，受欺诈方有权请求人民法院或者仲裁机构予以撤销。

第一百五十条　一方或者第三人以胁迫手段，使对方在违背真实意思的情况下实施的民事法律行为，受胁迫方有权请求人民法院或者仲裁机构予以撤销。

第一百五十一条 一方利用对方处于危困状态、缺乏判断能力等情形，致使民事法律行为成立时显失公平的，受损害方有权请求人民法院或者仲裁机构予以撤销。

第一百五十二条 有下列情形之一的，撤销权消灭：

（一）当事人自知道或者应当知道撤销事由之日起一年内、重大误解的当事人自知道或者应当知道撤销事由之日起九十日内没有行使撤销权；

（二）当事人受胁迫，自胁迫行为终止之日起一年内没有行使撤销权；

（三）当事人知道撤销事由后明确表示或者以自己的行为表明放弃撤销权。

当事人自民事法律行为发生之日起五年内没有行使撤销权的，撤销权消灭。

第一百五十三条 违反法律、行政法规的强制性规定的民事法律行为无效。但是，该强制性规定不导致该民事法律行为无效的除外。

违背公序良俗的民事法律行为无效。

第一百五十四条 行为人与相对人恶意串通，损害他人合法权益的民事法律行为无效。

第一百五十五条 无效的或者被撤销的民事法律行为自始没有法律约束力。

第一百五十六条 民事法律行为部分无效，不影响其他部分效力的，其他部分仍然有效。

第一百五十七条 民事法律行为无效、被撤销或者确定不发生效力后，行为人因该行为取得的财产，应当予以返还；不能返还或者没有必要返还的，应当折价补偿。有过错的一方应当赔偿对方由此所受到的损失；各方都有过错的，应当各自承担相应的责任。法律另有规定的，依照其规定。

第四节 民事法律行为的附条件和附期限

第一百五十八条 民事法律行为可以附条件，但是根据其性质不得附条件的除外。附生效条件的民事法律行为，自条件成就时生效。附解除条件的民事法律行为，自条件成就时失效。

第一百五十九条 附条件的民事法律行为，当事人为自己的利益不正当地阻止条件成就的，视为条件已经成就；不正当地促成条件成就的，视为条件不成就。

第一百六十条　民事法律行为可以附期限，但是根据其性质不得附期限的除外。附生效期限的民事法律行为，自期限届至时生效。附终止期限的民事法律行为，自期限届满时失效。

第七章　代　理

第一节　一般规定

第一百六十一条　民事主体可以通过代理人实施民事法律行为。

依照法律规定、当事人约定或者民事法律行为的性质，应当由本人亲自实施的民事法律行为，不得代理。

第一百六十二条　代理人在代理权限内，以被代理人名义实施的民事法律行为，对被代理人发生效力。

第一百六十三条　代理包括委托代理和法定代理。

委托代理人按照被代理人的委托行使代理权。法定代理人依照法律的规定行使代理权。

第一百六十四条　代理人不履行或者不完全履行职责，造成被代理人损害的，应当承担民事责任。

代理人和相对人恶意串通，损害被代理人合法权益的，代理人和相对人应当承担连带责任。

第二节　委托代理

第一百六十五条　委托代理授权采用书面形式的，授权委托书应当载明代理人的姓名或者名称、代理事项、权限和期限，并由被代理人签名或者盖章。

第一百六十六条　数人为同一代理事项的代理人的，应当共同行使代理权，但是当事人另有约定的除外。

第一百六十七条 代理人知道或者应当知道代理事项违法仍然实施代理行为，或者被代理人知道或者应当知道代理人的代理行为违法未作反对表示的，被代理人和代理人应当承担连带责任。

第一百六十八条 代理人不得以被代理人的名义与自己实施民事法律行为，但是被代理人同意或者追认的除外。

代理人不得以被代理人的名义与自己同时代理的其他人实施民事法律行为，但是被代理的双方同意或者追认的除外。

第一百六十九条 代理人需要转委托第三人代理的，应当取得被代理人的同意或者追认。

转委托代理经被代理人同意或者追认的，被代理人可以就代理事务直接指示转委托的第三人，代理人仅就第三人的选任以及对第三人的指示承担责任。

转委托代理未经被代理人同意或者追认的，代理人应当对转委托的第三人的行为承担责任；但是，在紧急情况下代理人为了维护被代理人的利益需要转委托第三人代理的除外。

第一百七十条 执行法人或者非法人组织工作任务的人员，就其职权范围内的事项，以法人或者非法人组织的名义实施的民事法律行为，对法人或者非法人组织发生效力。

法人或者非法人组织对执行其工作任务的人员职权范围的限制，不得对抗善意相对人。

第一百七十一条 行为人没有代理权、超越代理权或者代理权终止后，仍然实施代理行为，未经被代理人追认的，对被代理人不发生效力。

相对人可以催告被代理人自收到通知之日起三十日内予以追认。被代理人未作表示的，视为拒绝追认。行为人实施的行为被追认前，善意相对人有撤销的权利。撤销应当以通知的方式作出。

行为人实施的行为未被追认的，善意相对人有权请求行为人履行债务或者就其受到的损害请求行为人赔偿。但是，赔偿的范围不得超过被代理人追认时相对人所能获得的利益。

相对人知道或者应当知道行为人无权代理的，相对人和行为人按照各自的过错承担责任。

第一百七十二条 行为人没有代理权、超越代理权或者代理权终止后，仍然实施代理行为，相对人有理由相信行为人有代理权的，代理行为有效。

第三节 代理终止

第一百七十三条 有下列情形之一的，委托代理终止：

（一）代理期限届满或者代理事务完成；

（二）被代理人取消委托或者代理人辞去委托；

（三）代理人丧失民事行为能力；

（四）代理人或者被代理人死亡；

（五）作为代理人或者被代理人的法人、非法人组织终止。

第一百七十四条 被代理人死亡后，有下列情形之一的，委托代理人实施的代理行为有效：

（一）代理人不知道且不应当知道被代理人死亡；

（二）被代理人的继承人予以承认；

（三）授权中明确代理权在代理事务完成时终止；

（四）被代理人死亡前已经实施，为了被代理人的继承人的利益继续代理。

作为被代理人的法人、非法人组织终止的，参照适用前款规定。

第一百七十五条 有下列情形之一的，法定代理终止：

（一）被代理人取得或者恢复完全民事行为能力；

（二）代理人丧失民事行为能力；

（三）代理人或者被代理人死亡；

（四）法律规定的其他情形。

第八章 民事责任

第一百七十六条 民事主体依照法律规定或者按照当事人约定，履行民事义务，承担民事责任。

第一百七十七条 二人以上依法承担按份责任，能够确定责任大小的，各自承担相应的责任；难以确定责任大小的，平均承担责任。

第一百七十八条 二人以上依法承担连带责任的，权利人有权请求部分或者全部连带责任人承担责任。

连带责任人的责任份额根据各自责任大小确定；难以确定责任大小的，平均承担责任。实际承担责任超过自己责任份额的连带责任人，有权向其他连带责任人追偿。

连带责任，由法律规定或者当事人约定。

第一百七十九条 承担民事责任的方式主要有：

（一）停止侵害；

（二）排除妨碍；

（三）消除危险；

（四）返还财产；

（五）恢复原状；

（六）修理、重作、更换；

（七）继续履行；

（八）赔偿损失；

（九）支付违约金；

（十）消除影响、恢复名誉；

（十一）赔礼道歉。

法律规定惩罚性赔偿的，依照其规定。

本条规定的承担民事责任的方式，可以单独适用，也可以合并适用。

第一百八十条 因不可抗力不能履行民事义务的，不承担民事责任。法律另有规定的，依照其规定。

不可抗力是不能预见、不能避免且不能克服的客观情况。

第一百八十一条 因正当防卫造成损害的，不承担民事责任。

正当防卫超过必要的限度，造成不应有的损害的，正当防卫人应当承担适当的民事责任。

第一百八十二条 因紧急避险造成损害的,由引起险情发生的人承担民事责任。

危险由自然原因引起的,紧急避险人不承担民事责任,可以给予适当补偿。

紧急避险采取措施不当或者超过必要的限度,造成不应有的损害的,紧急避险人应当承担适当的民事责任。

第一百八十三条 因保护他人民事权益使自己受到损害的,由侵权人承担民事责任,受益人可以给予适当补偿。没有侵权人、侵权人逃逸或者无力承担民事责任,受害人请求补偿的,受益人应当给予适当补偿。

第一百八十四条 因自愿实施紧急救助行为造成受助人损害的,救助人不承担民事责任。

第一百八十五条 侵害英雄烈士等的姓名、肖像、名誉、荣誉,损害社会公共利益的,应当承担民事责任。

第一百八十六条 因当事人一方的违约行为,损害对方人身权益、财产权益的,受损害方有权选择请求其承担违约责任或者侵权责任。

第一百八十七条 民事主体因同一行为应当承担民事责任、行政责任和刑事责任的,承担行政责任或者刑事责任不影响承担民事责任;民事主体的财产不足以支付的,优先用于承担民事责任。

第九章 诉讼时效

第一百八十八条 向人民法院请求保护民事权利的诉讼时效期间为三年。法律另有规定的,依照其规定。

诉讼时效期间自权利人知道或者应当知道权利受到损害以及义务人之日起计算。法律另有规定的,依照其规定。但是,自权利受到损害之日起超过二十年的,人民法院不予保护,有特殊情况的,人民法院可以根据权利人的申请决定延长。

第一百八十九条 当事人约定同一债务分期履行的,诉讼时效期间自最后一期履行期限届满之日起计算。

第一百九十条 无民事行为能力人或者限制民事行为能力人对其法定代理

人的请求权的诉讼时效期间，自该法定代理终止之日起计算。

第一百九十一条 未成年人遭受性侵害的损害赔偿请求权的诉讼时效期间，自受害人年满十八周岁之日起计算。

第一百九十二条 诉讼时效期间届满的，义务人可以提出不履行义务的抗辩。

诉讼时效期间届满后，义务人同意履行的，不得以诉讼时效期间届满为由抗辩；义务人已经自愿履行的，不得请求返还。

第一百九十三条 人民法院不得主动适用诉讼时效的规定。

第一百九十四条 在诉讼时效期间的最后六个月内，因下列障碍，不能行使请求权的，诉讼时效中止：

（一）不可抗力；

（二）无民事行为能力人或者限制民事行为能力人没有法定代理人，或者法定代理人死亡、丧失民事行为能力、丧失代理权；

（三）继承开始后未确定继承人或者遗产管理人；

（四）权利人被义务人或者其他人控制；

（五）其他导致权利人不能行使请求权的障碍。

自中止时效的原因消除之日起满六个月，诉讼时效期间届满。

第一百九十五条 有下列情形之一的，诉讼时效中断，从中断、有关程序终结时起，诉讼时效期间重新计算：

（一）权利人向义务人提出履行请求；

（二）义务人同意履行义务；

（三）权利人提起诉讼或者申请仲裁；

（四）与提起诉讼或者申请仲裁具有同等效力的其他情形。

第一百九十六条 下列请求权不适用诉讼时效的规定：

（一）请求停止侵害、排除妨碍、消除危险；

（二）不动产物权和登记的动产物权的权利人请求返还财产；

（三）请求支付抚养费、赡养费或者扶养费；

（四）依法不适用诉讼时效的其他请求权。

第一百九十七条 诉讼时效的期间、计算方法以及中止、中断的事由由法律规定，当事人约定无效。

当事人对诉讼时效利益的预先放弃无效。

第一百九十八条 法律对仲裁时效有规定的，依照其规定；没有规定的，适用诉讼时效的规定。

第一百九十九条 法律规定或者当事人约定的撤销权、解除权等权利的存续期间，除法律另有规定外，自权利人知道或者应当知道权利产生之日起计算，不适用有关诉讼时效中止、中断和延长的规定。存续期间届满，撤销权、解除权等权利消灭。

第十章 期间计算

第二百条 民法所称的期间按照公历年、月、日、小时计算。

第二百零一条 按照年、月、日计算期间的，开始的当日不计入，自下一日开始计算。

按照小时计算期间的，自法律规定或者当事人约定的时间开始计算。

第二百零二条 按照年、月计算期间的，到期月的对应日为期间的最后一日；没有对应日的，月末日为期间的最后一日。

第二百零三条 期间的最后一日是法定休假日的，以法定休假日结束的次日为期间的最后一日。

期间的最后一日的截止时间为二十四时；有业务时间的，停止业务活动的时间为截止时间。

第二百零四条 期间的计算方法依照本法的规定，但是法律另有规定或者当事人另有约定的除外。